成为考试高手

A+

高手

清华博士的
高效学习手册

和渊 著

U0132114

人民邮电出版社
北京

图书在版编目（CIP）数据

成为考试高手：清华博士的高效学习手册 / 和渊著
. -- 北京 ：人民邮电出版社，2024.1（2024.2重印）
ISBN 978-7-115-62679-0

Ⅰ. ①成… Ⅱ. ①和… Ⅲ. ①学习方法 Ⅳ.
①G442

中国国家版本馆CIP数据核字(2023)第237801号

内 容 提 要

人生处处是考试，学会如何考试，不仅对我们在各类考试中取得好成绩有帮助，而且，它能让我们积攒更多面对人生考试的经验。

一些人平时学习很努力，却总是无法在考试中取得令自己满意的成绩。本书将从为什么要考试、考试前如何复习、在考场上如何发挥、考试结束后如何复盘这 4 个方面来为读者解答上述问题。本书通过理论结合实践的方式，介绍了关于学习的前沿科学理论，并结合大量一线教学案例进行阐述，帮助读者不仅学得好，而且能考得好。

本书不仅能给需要考试的学生提供好用的工具，更能给读者在人生道路上提供应对各种挑战的综合解决方案，帮助读者披荆斩棘，奋勇向前。

本书非常适合学生和积极应对人生挑战的读者阅读。

◆ 著　　　　　　和　渊
　　责任编辑　　胡玉婷
　　责任印制　　马振武
◆ 人民邮电出版社出版发行　　北京市丰台区成寿寺路 11 号
　　邮编　100164　　电子邮件　315@ptpress.com.cn
　　网址　https://www.ptpress.com.cn
　　三河市中晟雅豪印务有限公司印刷
◆ 开本：880×1230　1/32
　　印张：5.375　　　　　　　　　　2024 年 1 月第 1 版
　　字数：152 千字　　　　　　　　2024 年 2 月河北第 3 次印刷

定价：59.80 元

读者服务热线：**(010)81055493**　印装质量热线：**(010)81055316**
反盗版热线：**(010)81055315**
广告经营许可证：京东市监广登字 20170147 号

　　本书为全国教育科学规划教育部青年课题"普通高中生命教育'大健康'课程群的构建研究（EHA200423）"的研究成果。

谨以此书献给我的两个孩子

序　1

　　我是在一次会议上认识和渊老师的。第一次见面，和老师就令我眼前一亮，她不仅容貌出众，并且聪明干练，很有想法。得知她从清华大学博士毕业后去中学当老师，我鼓励她好好干，不仅要当好的老师，将来有机会还可以做好的科普，让更多的人受益。

　　2021 年，我得知和老师的《成为学习高手：清华博士的高效学习秘籍》出版，非常高兴。今年，我又收到了该书姊妹篇《成为考试高手：清华博士的高效学习手册》的手稿。读完后，我觉得她把"怎么考试"这件事情讲清楚了。我认为和老师很适合做科普，因为她知识广博，具备深厚的文献调研能力和学习能力，又善用通俗易懂的语言传播知识。

　　本书讲"考试"和别的书讲"考试"不一样：别的书讲考试，是从应试技巧、考试大纲、命题方向等方面讲；**而本书讲考试，是从本质上去拆解考试的底层逻辑**。和老师善于捕捉平时教学过程中容易被忽略的问题，发挥自己刨根问底的学术精神，调研前沿科学进展，深入挖掘问题背后的原因，直到给出自己认为最满意的答案。

　　书中让我印象最深的是对马虎的分析和给出的解决方案。我的孙子属虎，小名叫马虎。因为我的儿子爱好马术，希望自己的孩子也学骑马。我想也好，以前的人们喜欢把自己孩子的小名叫作阿猫阿狗，希望孩子好养。我的孙子小名叫马虎，马马虎虎，也容易带大，但没想到孙子上了小学之后，考试马虎，于是我仔细读了书中讲马虎的内容。

通常来说，如果大家在做题时计算错误，就会怪自己太马虎了，便把"马虎"视为产生错误的原因。然而，本书认为，马虎并非真实的原因，人们只是用"马虎"遮掩住了真相。

在马虎的背后，做错题可能是信息识别导致的，可能是知识漏洞导致的，可能是能力不足导致的，可能是习惯不好导致的，可能是压力太大导致的，还可能是满不在乎导致的……只有正确归因，对马虎背后的原因进行深入分析，才能找到问题的正确解决方案。

针对每种类型的马虎成因，本书提出了切实可行的解决方案。并且每个解决方案不单是经验之谈，还是在经过详细文献调研后，综合运用脑科学、神经科学、认知科学等多领域的研究结论给出的科学论证。

和老师科学分析"马虎"背后的原因，帮助了我对小孙子马虎的教育。另外，书中还有很多让人耳目一新的内容，比如：从生理学的角度分析如何提升学习的内在动力；从身体、思维、精神的"铁三角"模型出发，得出考试取得高分的必要条件；利用"参考答案学习法"进行整理复习和总结反思……本书既有严谨的科学结论，又有实用的方法工具，还有温情的故事案例，可读性很强。

本书虽在讲考试，却又不仅仅讲考试。其实，我们的人生何尝不是一场又一场的"考试"？凡是考试就需要有考前准备、考中应对和考后反思，人生亦如此；凡是考试必有目标，同样，人在一生中也不能忘记做事情的初心；凡是考试必有攻略，我们需要掌握攻略，用最短的时间高效地完成很多不得不做的事情；凡是考试都是经历，它能磨砺我们的性情，让我们关注过程而非结果，永远拼搏奋进，成为更好的自己。

在最好的时代做科普，在最好的时代遇到你，在最好的时代听和老师给我们讲讲学习、聊聊考试，相信你会收获丰满的人生。

言至此，讲了不少，是为序。

王渝生
2023 年五四青年节于北京

序 2

当出版社第一次邀我为本书作序时，我的内心是有抵触情绪的，因为担心有为应试教育摇旗呐喊之嫌。在一些人眼中，考试高手往往与高分低能联系在一起，更有不少人诟病现在的某些不合理考试，甚至让它们为内卷背锅。

但读完本书后，我发现自己还是局限在老观念中。其实，无论是求学路上的升学考试、职业生涯中的求职面试、工作过程中遇到的突发状况，抑或是人到暮年的人生总结，都是我们要面临的一场场考试。

谈到考试，不少人会心生畏惧。但无论你愿或不愿，考试就在那里。前阵子跟一位退休老机长聊到《中国机长》这部电影，当我们这些外行人都惊叹于电影中机长的神勇表现时，这位退休机长却显得平静。在他看来，这就像是他们平时训练的一场大考，是面对当时的危急状况时大部分机长都会做出的必然选择。

不管我们愿不愿意承认，很多人其实都是考试的受益者。以我自己为例，如果没有一层又一层的选拔考试，我没有机会站到大学讲台上为一批批年轻人传道授业；如果不是一次又一次的考试磨砺了自己的性情，我人到中年可能还一事无成。

回想起来，我的求学过程也经历了几次重要的升学考试。小升初考试，我从一个几乎全县垫底的村小以第一名的成绩考到了县重点中学。为了这次考试，我足足准备了三个月。从读什么书、做什么题，到如何安排学习空间和学习时间，都是自己独立制订计划并严格执行，完全是自律而非他律。我的求学生涯还曾两次放弃保送：一次是本科，另一次是研究生。有不少人问我是否为当初的选择而后悔，我的回答是否定的。因为日复一日、早八点到晚十一点的复习带给我的不仅是录取通知书，更有意志力与规划力的养成。

本书作者在书中提到，考试不是一锤子买卖，而是一项系统工程。我当初虽未学过书中提到的那些名词与理论，但如今读到书中的那些文字，却有似曾相似的亲切感。我发现，经自己亲身实践总结出的土办法和经验竟然与书中的不少理论与方法不谋而合或大同小异，比如复习时间的选择、学习计划的制订、时间的分配、学习效果的监督、反馈与调整等。在备考过程中养成的良好习惯和习得的科学方法（而非考试成绩），成为我以后人生所依赖的宝贵财富。有了这些财富，理想的考试结果便是随之而来自然产生的副产品。

事实上，**人生面对的每一项挑战都是一场考试，都需要规划能力、协调能力、执行能力以及临场应变能力**。试想一下，如果你面对一场考试都无法做到胸有成竹，那如何能保证在面临人生的巨大挑战时做到临危不惧？

本书可以看成是作者前一本畅销书《成为学习高手：清华博士的高效学习秘籍》的姊妹篇，是**一本关于考试的道与术、实用性很强的书**，希望它的出版能**治愈许多人的考试恐惧症，成为大家应对考试的法宝。**

阳爸

2023 年 8 月 28 日于海口

前　言

分从哪里来：学得好和考得好是两回事

在《成为学习高手：清华博士的高效学习秘籍》中，我解决了很多读者的困惑。读完这本书，他们通过微信视频号"和渊老师"、抖音"和渊老师"等方式联系到我，和我分享他们的收获，我颇感欣慰。然而，他们又提出了其他问题和不解，比如：

为什么我平时学得还不错，考试时却发挥不出来应有的水平？

为什么别人制订的考前安排能完成，我的复习时间却总是不够用？

为什么别人考前的复习效率很高，而我却什么都记不住、怎么都学不进去？

为什么别人能精准地发现问题，而我却总是会的总会、不会的总不会？

为什么别人上考场的时候总是自信满满，我却大脑一片空白？

为什么别人考完试后把整理分析的工作做得很扎实，而我却不知道该做什么、怎么做？

……………

　　针对读者提出的这些问题，我在《成为学习高手：清华博士的高效学习秘籍》的基础上，思考如何才能取得好的成绩，并总结出取得好成绩的 4 个方面：

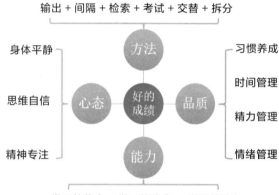

　　要想取得好成绩，除了要掌握学习方法、提高学习品质和学习能力外，非常重要的一点是：以好的心态学会考试。如何进行考前复习、考场上如何发挥出最佳状态、考后如何复盘等，都是影响考试成绩的重要因素。因此，我常常和学生说，**不仅要学得好，还要考得好。**

　　如果你也遇到过类似的问题，建议你可以认真读一下本书。在本书中，我会回答上述问题，并且提供一系列工具和方法解决这些问题。例如：

　　关于"学得好却考不好"的耶克斯 - 多德森曲线；

　　做好日程管理、考前复习和考后反思的"三个本"——日程本、笔记本和错题本；

　　有效刷题的"命题人思维""评卷人思维"和"参考答案分析框架"的思维模式；

调整考场状态、保证考试取得高分的铁三角模型；

从物质、流程、身体到心理的考前准备清单和考后反思清单；

信息识别型马虎、知识缺漏型马虎、能力不足型马虎、习惯不良型马虎、压力过大型马虎、态度不重视型马虎等不同类型马虎的本质原因和解决方案；

…………

本书分别从为什么要考试、考试前如何复习、考场上如何发挥、考试结束后如何复盘四个方面来回答同学们的困惑。

在第一篇"为什么要考试"中，我会和你讨论考试的意义。考试能帮助我们检测学情、提供学情反馈，能帮助我们磨砺性情、培养克服困难的勇气，还能帮助很多学生鲤鱼跃龙门，到达更高的平台，实现人生价值。

在第二篇"考试前的复习"中，我会手把手教你如何提高自己的学习动力、如何安排复习时间和做好时间规划、如何提高记忆效率，以及如何运用正确的方法进行高效复习。

在第三篇"考试进行时"中，我会帮你列出详细的考前备考清单，给你介绍调整方案以保证你在考场上能处于最佳的身体、精神和思维状态，并且介绍在不同考试中的一些应试技巧。

在第四篇"考试结束后"中，我会教你吃透参考答案的三个工具和四个步骤，并学会对自己的错误正确归因，整理错题本，完成知识的闭环。同时，教你学会调整心态，看淡成败，完成考试的闭环。

本书延续了《成为学习高手：清华博士的高效学习秘籍》的风格，分析了大量前沿科学中的学习理论、介绍了最新的实验研究成果，并结合自己多年的教学经验和案例，希望同学们不仅学得好，而且考得好。

此外，我希望你从本书中学到的不仅仅是考试的方法，还能学到应对人生的策略和精神。**考试是手段，不是目的。**考试取得高分固然值得开心，不过，不要忘记我们为什么出发。**人生处处是考试，学会如何考试，不仅对我们在各类考试中取得好成绩有帮助，还能让我们积攒更多面对人生大考的经验和智慧。**

因此，希望本书不仅能给需要考试的学生提供好用的工具，更能给各位读者在人生的道路上提供一个应对各种挑战的综合解决方案。考试是一场有限游戏，人生却是一场无限游戏，越过一场考试又迎来另一场考试，一两次的成败得失又有什么关系？只要一直坚持去做正确的事情，就不用担心无法取得最后的胜利，更不用担心无法成就更好的自己。

忘掉成败，躬身入局。风物长宜放眼量，每一次结束都是新的开始。祝亲爱的读者能在考试中取得好成绩，成为考试高手，成就精彩人生！

和渊

2023 年 2 月

目　录

第一篇　为什么要考试

第二篇　考试前的复习

第三篇　考试进行时

第四篇 考试结束后

第一篇 | 为什么要考试

很多同学不喜欢考试，对考试有一种抵触情绪。在本篇，我希望和同学们讨论一下为什么要考试，从底层逻辑上分析考试对我们的意义和作用。只有明白了考试的目的，我们才能以积极的心态面对考试，考出好的成绩。

第一章　考试的目的

小李是我们班成绩不错的学生。但他和我说："老师，我每次考试都备受煎熬。虽然在考试中能取得不错的成绩，但是，考试给我带来了很大的压力。我讨厌考试，我相信没有谁喜欢考试，学校为什么要考试？"

小童是一个很敏感的女生。她在考试前会非常焦虑，经常整夜失眠，担心复习不完，担心考试时答题速度慢、做不完试卷上的题目，担心考砸了被父母和老师批评、被周围同学瞧不起……她有很多担心，重压之下，她的成绩越来越差，考分与自己的付出完全不相符，"老师，我能不能不考试？"

相信，小李和小童一定不是个例，大部分学生不喜欢考试，也不想参加考试。所有人都希望在考试中取得好成绩，所以面对考试时有一种畏惧的心态，认为考试的作用就是排名和筛选。但真的是这样吗？在这一章，我想和大家聊聊为什么要考试，让大家从新的角度来认识考试、定义考试。**只有明白了考试的目的和意义，我们才能从心底里对考试不再抵触。**

1. 小考：检测学情，提供反馈

平时的课堂小测、月考、期中考试、期末考试，抑或是参加的一些比赛，大家在上述考试中可以不用太把结果当回事，因为这些考试、比赛反映的是阶段性的成绩，它的主要目的是检测学情，提供反馈。

考试是为了检测学情

考试相当于"学习体检"。通过考试，学生可以将近一段时间内的学习问题暴露出来，发现自己在学习中存在的问题和不足。它能帮助我们快速了解知识的盲区，帮我们找到没有学会的地方。

例如，在考光合作用的大题时，命题人会把很多基础问题串在一起设问。这就可以检测学生是不是能把整个光合作用的原理、过程、机制、应用全都联系起来，是否掌握了整章内容，是否具有举一反三的能力，这是对学情的检测。

又如，我在带领学生参加清华大学组织的丘成桐中学科学奖答辩的时候发现，在学生答辩过程中，评委通过提问、与参赛者进行更详细的讨论，看参赛者是否了解某个实验细节、是否提前思考过某个问题、是否了解某个数据的含义等，这样他们很容易就知道某项研究工作到底是不是学生自己做的。这也是对学情的一种检测。

考试是为了提供反馈

当然，考试的作用不仅仅是检测学情、给予参加考试的学生"好""坏"的信息，考试更多的作用还在于，**学生可针对考试结果进行查漏补缺，采取切实可行的措施加以改进，提高能力，解决问题**。

学习本身就是"猜想－反馈－改进"的过程。当我们学习知识的时候，首先做出的是猜想，然后外界会给我们一个反馈，将这个反馈与自己的"猜想"进行对比，通过对比来改进猜想，重塑我们的思维模型。而考试本质上就是"验证猜想"的过程，当反馈对我们来说是一种意外的时候，我们就会根据这个反馈调整自己原有的思维模型，学习就发生了。这种意外有可能验证了一个猜想是对的，也有可能表明猜想出错了，即遭遇了失败的反馈。无论哪种，都是对思维模型的强化，都能起到学习的作用，所以，考试的作用在于提供反馈。没有反馈的学习是假学习，没有考试的学习也是假学习。

反馈最重要的是"及时"和"准确"——这也是老师的重要作用之一。老师的角色不仅仅是传道授业解惑，还有一个角色是教练。教练有科学的方法，能最大效率地提升学生的成绩；教练是一面镜子，学生所有的练习过程都能通过这面镜子反射出来。事实上，考试是老师服务学生的另一种形式，老师通过给出及时且准确的反馈让学生不断提升自己的学习水平。所以，考完试后，不要看自己考了多少分，而要看自己哪里出错了，及时找老师进行试卷分析，找出自己的不足并弥补。

考试是最好的复习

我经常和学生说："**考试是最好的复习**"。在《成为学习高手：清华博士的高效学习秘籍》中，我也表述过类似的观点，通过考试（如考前小测等）进行复习比单纯复习更能提高学习成绩。

考试能帮助我们提取记忆。记忆分为两种，一种是存储记忆，另一种是提取记忆。如果把大脑比喻成一台电脑，存储记忆就是往硬盘里进行存储，我们在学习的那一刻，知识就存入硬盘了。但是我们为什么会忘记呢？那就是提取记忆出了问题。而考试就是强迫你的大脑从存储记忆中提取已经学过的知识或者技能的过程，就是不断训练提取记忆的过程，这要求我们付出的努力远比直接重读一遍要多得多。每提取一次，记忆就会增强一次；提取越困难，记忆也就越深刻。所以，单纯复习只是让我们把知识看了很多遍，熟悉一下学过的内容而已，但它并不像考试一样能让我们不断地提取记忆，这样不会让知识长在大脑里，所以复习的效果不如考试好。因此，考试是有效的记忆提取练习，可以帮我们捡起记忆，终止遗忘。

同时，因为考试有时间的限制，会倒逼我们产生紧迫感，去复习所学过的功课。很多同学是"DDL（Deadline）是第一生产力"的践行者，所以，当学生有一个考试时，这种压力会让学习的效率提高。我也是这样的，在备考教师资格证的时候，要学很多门功课，但我总想着时间还早，就一直没有认真看书，直到临考前一个月，发现自己还有很多知识点没有学。于是，我赶紧制订学习计划。所以，DDL 是第一生产力，考试能督促我们学习。

考试是手段，而不是目的

考试之后，优秀的学生不会只关心分数，他们总能发现自己暴露的问题，并且**通过自身的努力找到解决问题的方法，找到自己未来努力前进的方向。这才是考试的最终目的。**

但是，很多同学认为考试的作用是排名和筛选。因此，他们经常被考分所左右，产生恐惧、担心、焦虑、愤怒等情绪，这就背离了考试的目的和意义。他们会赋予日常考试很多莫须有的意义，把考试和自己的能力、面子、荣誉、前途等联系起来，经常拿不理想的成绩折磨自己、吓唬自己，总让考试牵着自己的鼻子走。这些同学遗忘了考试的初衷和意义。

但想要改变也不是一时半会儿的工夫，需要有考试前良好的准备、考试中积极的心态调试和考后认真的反思，我在本书之后的章节会进行详细的探讨。

2. 大考：克服困难，磨砺性情

中考、高考、托福、SAT 等都属于大考。特别是高考，被很多人认为是一次改变命运的考试。大考给学生带来了巨大的心理压力。

不可否认的是，高考在现阶段是必须存在的。首先，高考是面向普通人的、最公平的求学途径，为很多学子改变命运提供机会。其次，高考为国家和社会选拔人才，促进社会发展，很大程度上有益于个人与社会共同进步。因此我们应该换一种眼光来看待这类大考。**宏观是我们无法改变的，微观才是我们可以有所作为的。**

改变我们看待大考的态度

做了这么多年老师，我根据面对考试的态度和成绩，把学生分成四类。

第一类：面对考试，压力小，成绩好。这类学生虽然知道考试结果对自己很重要，但是仍旧有办法让自己保持冷静，相信自己能够在考试中取得好的成绩，考试不会让他们有那么大的压力，他们觉得平时努力就行，考试结果顺其自然，尽人事，听天命。

第二类：面对考试，压力大，成绩好。这类学生虽然在考试中成绩很不错，但是他们厌恶考试，承受着考试带来的巨大压力、痛苦和焦虑，内心备受煎熬。好成绩固然让他们开心，但是一次次的考试让他们如坐针毡。很多好学生都处于这一象限。

第三类：面对考试，压力小，成绩不好。这类学生不在乎考试，觉得考试成绩与自己无关，也不会去想考试对未来的影响。他们每一天都得过且过，很多时候是在混日子，不知道学习的目标和意义。

第四类：面对考试，压力大，成绩不好。这类学生是最痛苦的。

他们担心自己考不好，对自己持怀疑的态度，无法专心复习、专心考试，很难集中注意力。这种状态导致他们最终取得的成绩与自己的智商、努力和能力都不成正比，相信很多同学在这一点上能找到共鸣。

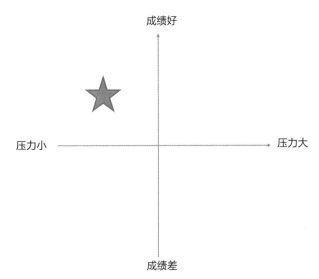

我们都希望成为第一类人，但是，我们大多数时候更像是第四类人。第一类人和第四类人最大的区别是什么呢？是他们对待考试的态度。考试就在那里，不会改变，印着考题的试卷、画着横线的答题卡、墙上滴答作响的挂钟、站在讲台上监考的老师，这些都是外部因素，不会随我们的意志改变而改变。

我们能做的是不让这些外部因素对我们产生影响。你可以用不愉快的、拒绝的态度来看待这件事情，给自己压力。你也可以用愉悦的、接受的态度来看待这件事情，只要你不因考试这件事情而心生烦躁，只要你认为你可以直面挑战、克服困难、掌控考试，只要你不允许外界因素对你产生影响，那么考试就不会影响到你，压力也就不存在了。

面对同一件事情，我们看待它的角度不同，产生的结果是不同的。我去做普拉提，做拉伸的时候感觉筋都要断了，这时，我的普拉提老师告诉我："你要去告诉你的大脑，让你去享受这个过程，而不是觉得这个过程很痛苦。你的意念可以改变你身体的状态。"考试也是这样，改变自己看待考试的态度（改变是有方法的，本书之后的章节会做详细的介绍），就能从根本上消除压力。若我们能攻坚克难，战胜心中那个畏惧不前的自己，那改变的绝不只是成绩单上的分数，更是我们的人生观和世界观。

大考是克服困难、磨砺性情的工具

大家是否看过电影《高考 1977》？这部电影让我最为感动的是：为高考而奋斗，远比高考本身伟大得多。高考是以大考形式给我们"上了一课"：百舸争流，奋楫者先，千帆竞发，勇进者胜。

大考不仅仅是智力的竞争，更是意志、态度、精神的竞争。所有选拔性的考试都有竞争，我们不需要回避竞争的残酷，也不用美化挑战，大考就是一场攻坚战。但是，它还有另外一面，那就是磨砺了我们的意志品质，"脱一层皮"可不是说说而已。经历过大考后，不少人的抗压、抗挫折能力会增强。高考都挺过来了，其他苦与难又算什么呢？

对我来说，读博士的过程是个"大考"。我从大四开始到博士二年级，一个做了三年的课题的研究成果被哈佛一个课题组抢先发表了。在科学界，竞争非常残酷，这样的结果意味着我三年的努力付诸东流。所以我不得不从博士三年级开始重新找课题，做一个新课题。当时，新课题做到博士四年级仍旧没有任何进展。那时，我不仅面临着课题做不出、博士可能要延期毕业的境地，而且面对日复一日没有结果的实验，总是经历"失败－重来－失败－重来"的循环，我的信心全都崩溃了，对自己产生了深深的怀疑：我是个失败者吗？我的课题还能做出成果吗？我还能顺利博士毕业吗？

当然，最后我还是攻坚下来了，顺利按期博士毕业。毕业多年后，有一次我的导师颜宁教授问我博士期间最大的收获是什么？我想了想，除了严谨的科学思维、分析事物的逻辑方法外，我觉得最大的收获就是面对任何困难再也不怕的勇气。"我清华博士都读完了，以后还有啥可怕的？"这给了我很大的勇气，让我在之后的生活中面对各种困难都觉得，"都是小问题"。

我在高中教书，每年即使再忙，学校也会给高三学生举办"成人礼"。对学生来说，高考就是一场成人礼。蛹化成蝶，很多考生的心境也会随着高考经历蝶变。心性因经历高考更成熟，这是"成年"的应有之义——那些煎熬，会成为考生们成长的"养料"。

经历大考，让我们更有勇气面对今后生活中的困难，让我们更加懂得奋斗、坚持的意义，让我们学会调整甚至重建逆境评估的坐标轴，这些是我们应对未来的不确定性的宝贵财富。

3. 人生就像一场考试，帮助我们成为更好的自己

转眼间，离自己参加高考已经过了快 20 年的时间。回想起 20 年前的自己，也曾和现在的考生类似，考前紧张备考；考场上奋笔疾书，难掩紧张的心情；考后忐忑地等待成绩揭晓；拿到成绩后，填报志愿，期待录取通知书。现在回顾高考，我内心多了一份坦然。如果把人生比喻成一条线的话，那么高考只是这条线上的一个比较

大的节点，而人生由无数个这样的节点组成，每个节点会产生不同的结果，这些结果组成了我们的生命轨迹。**人生如考试，考试如人生，它帮我们成为更好的自己。**

考试是一种人生经历：关注过程，而非结果

同学们可以问问自己：你在班上更在乎考试的名次，还是更在乎学到了多少知识？你更在乎高考后最终被哪个学校录取，还是更珍视高中这段经历？你更在乎结果，还是更关注过程？

有同学和我说："老师，这些我都在乎。"当然，两全其美自然最好。但是，退一万步说，万一你努力很久，就是没有取得好的成绩，高考没能被理想的大学录取，那该怎么办呢？"不要关心结果"是不是心灵鸡汤呢？

给大家分享一个我同学的例子。我的这个同学平时学习成绩还算不错，由于高考发挥失常，被一所普通大学录取。但是，他上了大学后，并没有因此消沉。大学期间，他在淘宝上开店，后来店铺越做越大，成立了自己的公司，现在他的公司规模非常大。

英雄不问出处，即使经历了"苦其心志，劳其筋骨，饿其体肤，空乏其身"的辛劳却仍然折戟沙场，这其实并不可悲，可悲的是从此失去了奋斗的动力。有一种人永远都打不倒：他们在意的是进步、是成长；比较的对象是旧版的自己，而不是新版的别人。在追求进步的道路上遇到困难时，他们不会像别人那样沮丧无助，而是会找出路和方法，然后行动起来，达成自己真正想达到的目标。这类人做事情关注的是过程，而不是结果。

高考虽不是成功的唯一出路，却是我们人生中很重要的经历。高考开启了我们人生中的很多个第一次：第一次深切地感受到竞争

的残酷，第一次为了一件事情全情投入，第一次逼着自己发挥出智力和体力的极限……考试如同人生，重在经历，而不是只看最终的结果。体验过、经历过、感受过，其实就够了，这才是人生的财富。

人生处处是考试：永不停歇，拼搏奋进

有没有人曾经和你说过：高三辛苦一点，上了大学就轻松了。

我曾经也这么认为，后来发现根本不是这样。人生就像一个陀螺，一旦开始转动，它就无法停下来，而且可能越转越快。举个例子：我上大学后，发现我们的通识课和专业课排得满满的，而且一节课的知识量比高中大太多了，全是听不懂的名词术语。老师也并不会解释得太细，课下需要付出大量学习和消化的时间。而且，大学里的排名不仅仅是看绩点（GPA）这么简单，还看社会活动、科研和论文发表等，这些会把我们的时间填满，每天可能比高三还忙。那么，大学毕业是不是就轻松了呢？

并不是。很多人会在国内考研或者出国深造，准备过程也是炼狱式的磨砺，即使"上岸"，之后还要做论文、找实习、找工作、做公开演讲、主持会议……人生处处是考场，时时要考试，事事皆考题，高考只是其中一站。命运将考卷摆在了我们面前，随时需要我们作答，主考官是现实规则，时间则是终极评卷人。这意味着，如果你想过更好的生活，就需要不断地努力坚持和拼搏奋斗，这才是"高三精神"留给我们最大的收获。

人生其实比考试难很多。考试有标准答案，你可以向着一个方向使劲努力；而人生却不同，你不仅要努力拼搏，还要找对方向、学会取舍。我是选择金融专业还是计算机专业？我是考研还是出国？我是留北京还是回老家？在不同的人生阶段，你会面对不同的选择，你会感觉迷茫和困惑，因为每个选择都有利弊，人生没有标准答案。

高考只是人生中的第一座山，山的那边还有很多山，求职、面试、结婚、生子，每一件事情对我们来说，其实都是一场"考试"。我们不仅要攀登高峰，还要选择攀登哪座高峰，还要知道如何攀登高峰。高考的努力并不能把剩余的那些大山都移除，却可以让我们得以登高望远，积攒更多凌绝顶的经验，更好地攀登更高、更陡峭的山峰。**人生处处是考试，希望本书不仅仅是给需要考试的学生提供好用的工具，更能给各位读者在人生的道路上提供一个应对各种挑战的综合解决方案，帮助大家在人生路上披荆斩棘、奋勇向前。**

第二篇 ｜ 考试前的复习

在本篇中，我会详细介绍考前的复习工作如何进行。我会手把手教你如何提升自己的学习动力，如何安排复习时间和做好时间规划，如何提高记忆效率，以及如何运用正确的方法进行高效复习。

第二章　找到自己的学习动力

　　谈到学习动力，很多同学一筹莫展：一想到学习就提不起兴趣，感觉学习没什么意思；学习的时候特别容易走神，一会想中午吃什么，一会想上完课去哪里打球，注意力集中不起来；知道要好好学习才能考上大学，可是每次开学前都信心满满，一到学期中就像泄了气的皮球，三天打鱼，两天晒网，坚持不下来；一到考前就紧张得不行，应付考试成为学习最大的动力……

　　上述问题你是不是也有？不要惭愧，这是正常的。特别是最近几年经常上网课，这种现象愈加明显。北京师范大学某研究组曾对教师和学生做过一个调研，结果显示：不自觉、没动力成为学生学习中的最大烦恼。所以，这不是你一个人的问题，而是大家的普遍性问题。

　　在本章中，我会尝试给同学们提供一些提升学习动力的方法，并且从生理上给同学们讲清楚如何做能够提升自己的学习动力。同学们使用这些方法和工具，可以让自己在学习时变得自觉且自律。

1. 利用外界奖赏机制给自己正反馈

　　我的学生小夏，从小一直练武术，是一个武术特长生。她从小就开始登台表演，多次参加国内和国际比赛且获奖无数，最后通过特长进入中国人民大学。一次又一次得奖给了她正反馈，让她越来越有自信，相信自己就是最厉害的，于是成绩就越来越好。

　　我在日常的教学中，也观察到这样的现象，成绩好的学生之所以成绩好，是因为他取得了好的成绩后，得到了老师的关注、认可和赞扬，而老师的关注、认可和赞扬，又强化了他"好学生"的标签，进一步成为他努力学习的动力，于是成绩就更加优秀，这就是学习的"正反馈机制"。

正反馈的生理机制

　　引起正反馈的生理机制是一个叫作多巴胺的小分子。多巴胺是人体内的一种信号分子（神经递质）。多巴胺被释放后，会影响相关的神经元的兴奋性，让人们产生开心快乐的感觉。例如：吃了好吃的会产生多巴胺，所以我们会开心；运动以后会产生多巴胺，所以我们会开心；取得好成绩被老师表扬了会产生多巴胺，所以我们会开心……不断产生的多巴胺连续刺激下一个神经元受体，使人体产生一系列强烈而短暂的刺激峰值，使大脑奖赏系统发生冲动，让我们做事情更有干劲，让我们学习起来更有动力。

　　因此，利用多巴胺的正反馈机制，我们可以给自己设定一个奖赏机制：比如，完成本周的复习任务，可以奖励自己一个下午的放松时间；期末考试成绩不错，可以奖励自己尽情地玩几天；

学习成绩有进步的时候，可以给自己买一件喜欢的玩具。当大脑预见某种行为会带来利益的时候，它就会分泌多巴胺，让人体感到渴望和期待。一旦产生渴望和期待，人们就会积极地执行这种行动。在长期的进化中，这对人类是有好处的，大脑通过这种方式来控制整个机体去争取利益，在自然界残酷的生存环境中存活下来。

　　不过，对于"外界奖赏"这个工具，我其实没有那么推荐。为什么呢？这和多巴胺的两面性有关。因为，一旦完成了获得的过程，多巴胺就不再为我们提供兴奋感，如果当下体验的满足感，无法补偿多巴胺消散带来的失落感，我们就会觉得不值得、没什么兴趣。下面给同学们看看心理学领域关于外界奖赏的相关研究。

外界奖赏的"破坏效应"

　　美国心理学家爱德华·德西曾经做过一个实验：召集 24 名参与者，分成 A 和 B 两组，让参与者先进行 30 分钟的拼图游戏，中间有 8 分钟的休息时间，然后再进行 30 分钟的拼图游戏。休息的时候，参与者可以选择继续拼图，也可以选择使用房间内其他物品来打发时间。实验第一天，A 组和 B 组按照要求进行即可，没有任何报酬。实验第二天，研究者告知 A 组：完成拼图越多，获得的报酬越多；B 组则没有任何奖励。实验第三天，研究者告知 A 组：奖励取消，没有报酬了。德西通过观察参与者在中间休息的 8 分钟之内是否会玩拼图游戏，来判断参与者玩拼图的动力。

考后反思

8

参考答案学习法的三个工具和四个步骤

送你一份考试反思清单

六种不同类型马虎的本质和解决方案

整理错题本，完成知识的闭环

调整心态，完成考试的闭环

7

试技巧

分答题技巧

科考试答题策略

科考试答题策略

6

考前准备

物质准备

流程准备

身体准备

心理准备

5

复习方法

核心素养把准复习方向

整体复习法提升复习效率

四种自查法实现查漏补缺

三种记忆法助力高效复习

运用"命题人思维"来刷题

考场表现

耶克斯－多德森曲线

取得高分的铁三角模型

让身体平静的方法

让思维自信的方法

让精神专注的方法

高分秘诀

1 为什么要考试

小考检测学情

大考磨砺性情

人生就像一场考试

2 学习动力

建立正反馈

激发好奇心

培养好胜心

训练自控力

养成好习惯

找寻意义感

3 复习规划

制订复习目标

了解时间分配

列出任务清单

规划日程方案

管理时间三大法宝

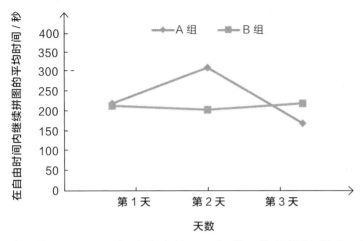

实验结果显示，A 组参与者第 2 天知道了能获得报酬后，在休息时间内继续拼图的时间变长了；但是第 3 天报酬取消后，A 组参与者继续拼图的时间反而比第 1 天还要短。这说明，参与者在尝到过有报酬的甜头之后，一旦不能再获得报酬，动机水平就会大打折扣，甚至还不如最开始。由此可见，奖励可能会导致动机水平的下降。

这一结果被称为"德西效应"（或者"破坏效应"），就是说，外在的奖赏机制破坏了人们本来的内生动力，让人们完成一件事情是为了外界的一个目标，比如拿到一朵小红花、得到一次表扬、取悦家长和老师。我自己就经历了这样的心路历程，我从小就是好学生，做事情很多时候是为了得到外界的认可，然而，当我把外在要求的一切都做得很完美的时候，我却忘记了自己内心真正想要的东西，丧失了自我。直到成年后，我才在一次次价值观的冲突中艰难地寻找自我，调整内心，完成自我的重塑。

所以，凡事都有两面性，外界奖赏是人们前进的动力，却破坏了我们内生的动力。多巴胺的字典里没有"满足"这两个字，它给我们的快乐很短暂，它让我们不停地追求下一个荣誉，在求而不得的时候，反而会更加失望和痛苦。在此，我并不是完全否定外界奖赏的作用。我的一些同学，最开始并不是很喜欢做科研，但当他们坚持下去后发现做科研还挺有趣的，并且在做科研的过程中找到了生命的意义，这就把外部动机转化成了内部动机。如果做到这样，那便再好不过。

而学习的至高境界，应该是：知识本身就是最大的奖赏。下一节来看看，如何让知识成为最大的奖赏。

2. 调整比例，激发自己的好奇心

《第 56 号教室的奇迹》是一本很著名的教育类书籍，书里的雷夫老师认为：知识本身就是奖赏。一句表扬、一个印章、一张奖状、一些小的物质奖励，这些可能掩盖了奖励的本质——知识本身。学习知识、探究知识的过程能激发我们的好奇心，而好奇心才应该是驱动我们不断努力学习的内生动力。

好奇心促进学习

先问大家一个问题，人类成长的哪个阶段学习速度是最快的？

答案是：婴幼儿阶段。

婴幼儿对周围世界充满了好奇，他们通过动作、表情、语言来表达自己对外部世界的好奇。在婴幼儿眼中，周围环境中的事物都是新奇的，大都出乎他们的预期，所以他们喜欢观察、探索、提问。婴幼儿大脑中神经元突触的数目在大量增加，因此学习速度是惊人的。

好奇心是人类的天性。动物在灌木丛里找来找去，可能是为了寻找食物，可能是为了寻找异性伴侣，还有可能是为了找到适合居住的地方。但是人类不同，人类进入灌木丛可能只是想知道灌木丛里有什么。人类对抽象的知识也有好奇心，比如发现一个公式、一个方程或者一个定律。人类科学的进步就是由好奇心推动的。爱因斯坦曾经说过："我没有什么特别的天赋，我只有强烈的好奇心。"从牛顿到爱因斯坦，从达尔文到孟德尔，很多伟大的科学家是在好奇心的驱使下取得了卓越伟大的科学成就。

好奇心对学习有非常重要的作用。心理学家保罗·西尔维亚说过，当一个人对他所学的知识感到好奇、产生兴趣的时候，他就会读得更加认真。最关键的是，他不会读完就算了，而是会主动去探索新旧知识之间的更多联系，形成自己的知识体系，这就能让他把知识学得更牢固。

学会一个新知识、明白一个新道理，你会获得极大的愉悦感。我相信很多人有过这种体验。例如，你冥思苦想了很久，都没有解出来某道数学题，最后突然灵光乍现，一下子就解出来了，"啊！原来是这么回事！"这种感觉就是好奇心带来的愉悦。就像胡适先生说的："怕什么真理无穷，进一寸有一寸的欢喜。"

好奇心提升了内在动力

好奇心激发我们产生内在动力的生理基础是内啡肽。你每次思考一个难题、获得一个新的发现、深入探究某个问题，都会让大脑产生大量的内啡肽。这些激素分子会加深你的神经元连接强度，让你连周围的细节都能关注到并记得一清二楚，所以，好奇心也能起到增强记忆的作用。

好奇心还能帮助我们进入心流状态。在心流状态中，我们情绪高涨、精力旺盛、注意力集中，行动和意识完全融为一体，忘记时间、忘记地点，只想着某个知识点或者某个问题。在心流状态中，我们的创造力、记忆力都会大幅提升。

从好奇心出发去学习，你靠的是内部驱动力，而不是"努力"，因为你不用逼着自己做这件事情。你心无旁骛地学习，忘记一切干扰，集中注意力去思考要记住的内容、要解决的问题和要建立的连接，这就是好奇心激发内在动力的根本原因。

如何激发自己的好奇心

既然好奇心对于培养我们的内在动力这么重要，那如何激发好奇心呢？我给大家介绍三个方法：**第一，记忆和广泛的知识积累；第二，调整新旧知识的比例；第三，带着有趣的眼光去观察世界。**下面分别介绍一下这三个方法。

第一，记忆和广泛的知识积累。好奇心有一个特殊的规律：从未知开始，但要受到已知的激发。这句话的意思是，我们必须有一定的知识积累才会产生好奇心。例如，如果我和你谈论量子力学，但你对量子力学一窍不通，你是不会有兴趣和我聊的。但是，如果你之前看过一些量子力学的书，了解德布罗意物质波理论、海森堡不确定性原理、薛定谔方程等知识，那么，当我们谈起量子纠缠或量子通信时，你才会更感兴趣、更好奇。所以，我们要有广泛的知识积累，多读书、多学习。利用知识的群聚效应，你会更愿意去学习，能更好地探索未知的世界。

第二，调整新旧知识的比例。 一般来说，如果学的知识难度太大，超出我们的能力，我们可能会产生畏难情绪，不愿意去学。但如果学习的难度太低，我们又会觉得学起来太轻松了、感觉无聊，也不愿意去学。所以，我们要调整学习的难度。那如何进行调整呢？有一项研究叫作"高效学习的 85% 规则"。该研究指出，由于新知识建立在旧知识的基础上，所以，当我们学习新知识的时候，如果其中有 85% 的内容是已知的，有 15% 的内容是未知的，那么就能激发学习者的好奇心。例如，学英语的时候，我们选择阅读理解文章的难度应该是生词占比 15% 左右的，在已知的基础上加那未知的15% 才能循序渐进。

第三，带着有趣的眼光去观察世界。 以我自己为例，虽然中学时数学成绩不错，但我当时其实并不喜欢学习数学，只是为了有一个好看的分数硬着头皮去学。现在，当我为了给自己的孩子讲清楚数学的本质，并由此去查阅相关资料的时候，发现数学原来如此有趣、如此美妙。例如，我原来学虚数，就是生硬地记住了 $i^2 = -1$。至于数学家为什么要发明虚数这个概念、虚数到底要解决什么样的问题，我一无所知，自然也感觉不到它的意义。现在，我知道虚数在飞行、航海、虫洞、相对论、流体力学、控制系统等领域或理论中都有着广泛的应用，对虚数的认识和理解也就更深刻了。所以，当我们在学习过程中觉得枯燥的时候，不妨去了解一下所学知识的历史、发展和应用，在无聊中发现有趣，带着有趣的眼光去观察这个世界，用自己的好奇心保持对这个世界永不停息的热情。

总结一下本节，好奇心之所以能促进我们学习，是因为它能够提升我们的内在动力。我们可以通过记忆和广泛的知识积累、调整新旧知识的比例、带着有趣的眼光去观察世界这三个方法来激发好奇心。好奇心不仅有助于我们当下的学习，而且，有助于我们保持终身学习。有好奇心的人有强烈的学习欲望，能够提出问题，解决难题。快来，带着你的好奇心扬帆启航！

3. 找到对标，培养自己的好胜心

好胜心是一个人强烈渴望超越别人、与众不同的一种驱动力。通用电气公司前总裁杰克·韦尔奇写过一本书，书名为《赢》。他在书中写道，自己就是想在每一个点上都赢得竞争，超过对手，证明自己，永争第一，这就是好胜心的驱使。

好胜心与睾酮相关

小时候每次过年回老家，我总是会和兄弟姐妹们讨论这一年的收获，当然也包括考试成绩。我每次都能以班级或年级第一的成绩在众人之中出类拔萃。他们常问我："为什么你的成绩这么好？你的动力来源是什么？"

当时的我天真地回答道："因为我想赢。"

我的兄弟姐妹们觉得我的答案给不了他们帮助，因为他们认为自己没有那么想赢。很奇怪吧？为什么有些人很想赢，而有些人就没那么想赢呢？

答案可能是：你体内的睾酮水平在作怪。好胜心与人体的睾酮水平息息相关。睾酮能让人产生兴奋，产生竞争欲、好胜心。睾酮含量越高，就越喜欢竞争。一般而言，男性比女性更喜欢竞争，就是由于男性体内的睾酮水平高。有一个简单的方法可以帮助我们判断睾酮水平的高低：看手相——如果无名指比食指长很多，那么这个人的好胜心会很强。这不是什么迷信，而是有科学根据的。胎儿在母亲子宫发育的过程中会受到雌激素和雄激素的共同影响，睾酮水平越高，人的无名指相对于食指就越长。

那问题来了，睾酮水平没那么高的孩子，好胜心天生没那么强烈，怎么办？他们无法在竞争中取得胜利吗？

其实，很多时候，在影响好胜心的因素中，生理因素只占40%～60%，后天环境（如教育、文化等）也有很重要的作用。下面，我们就看看，如何通过自身的努力，培养自己的好胜心。

培养自己的好胜心

我给大家提供一个**培养好胜心的方法：找个参照系，建立对标。**

在一些中学，高三每个班外面的墙上贴着两个东西：一个是成绩排名的红榜，另一个就是每个班学生自己设定的目标和竞争对手。这些学校通过这种方式激励学生。

虽然我不太推崇这种激励方式，但这种简单粗暴的形式确实对激发学生的好胜心有一定作用，可以说，这种方式有利有弊。先说这种方式好的方面。

我们学物理的时候，都讲究要设置一个参照系，没有参照系，无法确定你自己的位置和运动；我给学生讲生物实验的时候，说我们一定要设置对照组，没有对照组，你的实验结果没有意义。这点在学习上也是相通的，我们要树立一个竞争标杆，就是指自己要学习的对象。

你树立的竞争标杆，决定了你自己段位的高低；你跟谁比决定了你是谁。所以，标杆要定得高一点，你的竞争标杆不能是跟你水平差不多的小伙伴，而是在学习方法、学习效率、学习技巧上值得你学习的、更优秀的小伙伴。把他们当参照，然后一步一步地追，逐渐缩小你和他们的差距，这样你的追赶和对比才能有意义。但是，这个标杆一定不能定得太不切实际，应该是那种自己努努力能实现的，这样才有赶超的乐趣和动力，如果把标杆定得太高，永远都追不上，只能徒增自己的受挫感。

要注意，这里说的"比较"，是对标，而不是攀比。这个心态要掌握好，带着对标的心态去学习，是看到他人的优点，这样才能带着目标去努力，才能提高学习的效率，在比拼赶超中取得胜利。

好胜心的反面：嫉妒心和输不起

上面我们讲了树立标杆好的方面，但是用这种方式培养好胜心，也容易走偏。所以，我提醒大家，这个方法要慎用，因为心态的拿捏很关键。

我们要"向竞争对手学习"，竞争是一个相互提高、相互促进的过程，抱着欣赏对手、向对手学习的心态，学习对手的长处。所以，对手是自己应该感谢的人，因为竞争对手能激励你，让你向前，即使没有超过，同样也没有遗憾。

但有些同学会对竞争对手产生恶性嫉妒的心理，因为别人比自己强而产生一种愤怒和憎恨的心情，在学习和生活上处处和竞争对手过不去。好胜心和嫉妒心最大的不同就是，好胜心看到的都是别人的长处，而嫉妒心看到的都是别人的短处。嫉妒心不仅会对自己身心不利，还会损伤友情。所以，一定要学会欣赏他人，看到他人的长处和闪光点。

还有一些同学会因为设立了标杆却总是追赶不上而懊恼，一蹶不振，表现为"输不起"。对于这类学生，我的建议是降低预期，不要一蹴而就。比如，你现在是年级第 350 名，不要期望一下子进到前 50 名之内。要知道，你努力，别人也都在努力，提高速度容易，提高加速度却比较难，所以要慢慢来。

总结一下本节内容，**培养好胜心最好的方法是：建立参照系，树立标杆，愿意看到竞争对手的优点并欣赏他，然后为我所用，让自己成为更厉害的自己。**

4. 自控力可以通过训练变强大

很多学生跟我抱怨最多的就是他们没有自控能力。例如：制订好的假期计划，在假期结束时只能完成一半。开学前信心满满，设立了好多目标，信誓旦旦说自己这学期肯定能坚持认真听课，课后认真复习、写作业，对不懂的知识点一定搞懂；但是到了学期中，却发现自己很多功课没有跟上，回家还要先打一会游戏再写作业。我知道，他们不是不想做好，而是缺乏自控力。在这一小节中，我想和大家聊聊自控力的话题，我想告诉你，**自控力是可以通过训练变强大的。**

自控力是取得好成绩的关键品质

《意志力》一书中提到，研究者们对大学生的 30 多项特质进行统计，发现其中绝大多数特质对学习成绩几乎没有影响，比如有的人外向、有的人内向，有的人幽默、有的人严肃等，这些人里都有学习好的，也有学习不好的，很多特质与学习成绩关联不大，真正能左右成绩的一个特质是：自控力。

我自己也有这样的感受，在我的学生里，成绩好的学生往往不是那些最聪明、智商看起来最高的学生，而是有强大的自控力，能管住自己的学生。好学生往往是该上课的时候就去上课，该写作业的时候写作业，该复习的时候复习，该睡觉的时候睡觉，该运动的时候运动，把自己的学习和生活安排得井井有条，这就是学业成功的秘密。

自控力的生理基础

自控力是天生的还是后天培养的呢？先给大家讲个小故事。

19 世纪有个铁路工人，在某次施工的时候出了意外，有根钢筋插进了他前额，正好穿过他的前额叶皮质，把这个脑区破坏了。这位工人康复之后像变了个人。过去，他脾气特别温和，具有钢铁般的意志；但康复后，他的脾气特别暴躁，跟炸药包似的，一点就着，而且他制订的计划从来没有实施过。于是，科学家确定他被钢筋破坏的前额叶皮质，主管的就是自控力。

另外，自控力可以用一个指标来衡量：心率变异度。心率变异度越高，意志力越强；心率变异度越低，意志力越弱。心率变异度是指某一刻你的心率与下一刻你的心率之间的差值。在刺激情况下，不管意志力是高是低，人都会心率加速，只不过意志力高的人，心率能够迅速恢复，保持在一个较低或较正常的水平；而意志力差的人，遇到刺激以后，心率会一直保持在较高水平。因此，自控力高的人的心率变异度高，心脏调节弹性大，可以随时根据需要调整状态。

了解了自控力的生理基础，我们就可以针对前额叶皮质，进行有针对性的训练，可以通过锻炼使自控力变得强大。下面就讲讲训练自控力的方法。

提升自控力，治愈拖延症

同学们可能会认为，既然自控力如此重要，那是不是就要时刻逼自己，让自己的自控力潜能发挥得淋漓尽致呢？其实不是。逼自己不是提升自控力的方法，而且可能还会导致事与愿违的结果。因为我们的自控力就像肌肉训练一样，经常锻炼会增强，但是过度使用就会过度消耗，让人产生疲劳，自控力就消耗光了。因此**自控力是一种有限的资源。**

提升自控力的一个方法就是，保持适度的松弛感。通过充足的睡眠和冥想，让前额叶得到休息，可以增强自控力；同时，也可以通过运动和呼吸，提高心率变异度来增加自控力。也就是说，如果你学习学累了，要学会适度放松，不要逼自己过度学。在安排计划的时候，不要把学习安排得太满，要给自己适当的休息、运动、放空冥想的时间（注意不要打游戏，因为打游戏也会消耗我们的自控力）。如果一开始逼得太紧，反而会让我们丧失后面努力的动力。

大多数学生遇到的不是逼自己太紧的问题，而是没有足够的自控力来克服当下的诱惑，做事情不断拖延，导致无法完成任务。那这种情况怎么办呢？我给大家提供三个解决方案。

第一，用预期管理现在。我们会低估未来，这让我们不愿意为了未来而牺牲一些当下的利益。我们可以尝试以未来的自己的身份给现在的自己写一封信，在信中描述未来的自己可能会面临什么问题，想象一下未来的自己和现在的自己会有什么区别。你会发现，未来的自己和现在的自己不会有什么区别，现在不爱做的事，未来也不会爱做。这样你就明白了，唯一的解决办法就是现在把问题解决好。

第二，抗拒诱惑的尤利西斯约定。希腊神话中有这样一个故事：英雄尤利西斯在大海上航行返回故乡时，需要经过一片有海妖的水域。海妖的歌声特别迷人，听到海妖歌声的人就会被迷惑，然后跳进大海。尤利西斯的做法是，他要求同伴把他绑在船的桅杆上，这样他就不会受到海妖的诱惑，能顺利通过这片海域。尤利西斯约定指的就是，为了抗拒当前的诱惑而主动树立阻碍、减少选择。例如，在考试之前，我们可以请父母改掉自己的社交平台账号密码，告诉他们，无论自己怎么恳求，都不要把密码告诉自己，直到考试结束。这样利用外界约束力，把所有能造成拖延的借口都堵死，不给自己留后路。

第三，先干起来再说。当我们感觉自己不想学习的时候，就先强迫自己坐在桌子前面，哪怕写几个字也行。这么做的目的就是用一点小的动作刺激大脑，让它逐渐兴奋起来。这样，我们的学习动力装置就像一个个连接的齿轮，逐渐被带动起来，之后就能越来越集中精力学习了。

总结一下本小节内容，自控力是取得好成绩的关键，而自控力是由前额叶皮质主管的，通过睡眠、冥想、运动等方式可以训练前额叶皮质，提升自控能力。同时，也可以通过用预期管理现在、用尤利西斯约定抗拒诱惑和先干起来再说的方法，来克服当下诱惑，解决拖延症的问题。

5. 习惯：了不起的动力

上一小节中，我们提到，自控力是一种有限的资源，因为它消耗意志力、需要用能量来维持。那有没有一种方法，不用消耗意志力，也能帮助我们完成相应的学习任务呢？

有的，那就是**让预习、上课听讲、写作业、复习等一系列活动形成习惯，变成自动反应模式**。你可能会很奇怪，老师，这也能算是一种动力吗？当然，且听我在这一节里给你讲讲。

系统一和系统二：习惯产生的根源

诺贝尔经济学奖得主丹尼尔·卡尼曼提出了一个理论，称为"双重过程理论"。这一理论说的是，思维由系统一和系统二组成。其中，系统一代表了直觉、印象和过往经验的总结，这种模式属于下意识判断，经常会出错。系统二的主要功能就是修正系统一的判断。

系统一对于人类是有好处的，它可以让我们按照惯性行事，是节省能量的一种方式。每个人在一天内做决策的数量是有限的，如果在今天吃什么饭、穿什么衣服、上学路上是坐公交还是打车等一些鸡毛蒜皮的小事上想太多，会给人造成过大的精神负担，导致人们没有精力在大事上思考、做决策。所以，为了减少思考带来的精力损耗，大脑就会把一些行为固定成习惯，让我们不用动脑就能下意识地完成这些动作。也就是说，要通过系统一，让重复、简单的动作形成习惯。

这种意识不到动力存在的习惯，也是动力的一种。就是说，哪怕没有奖励和批评，而且也不存在要达成的目的，但只要最终能让人行动起来，就可以认为这是一种动力。心理学家把这种动力称为潜在动机。

在实际生活中，很多事情不是靠动力来推动的，而是靠日常生活中早已经形成的习惯推动的。比如，早上起来刷牙、洗脸、吃早餐，这些行为已经变成程序融入生活习惯中。在每天的循环重复中，这些行动渐渐形成了一种自动的反应模式，不再需要我们逐个决定才能开始。大部分时间里，我们是意识不到动力的存在的，只是凭借习惯而采取行动，习惯是我们察觉不到的、了不起的动力。

培养自己形成良好的学习习惯

著名教育家叶圣陶先生曾说过："**什么是教育？简单一句话，就是养成好习惯。**"好习惯一旦养成，不但可以提高学习效率，而且会让我们终身受益。

我自己就有一个比较不错的习惯——写日记。从高中开始，一直到现在，每天都会写日记，坚持了快 20 年了。一开始是写在纸质的笔记本上，后来有了电脑就写在电脑上，再后来就记在手机的便笺上。虽然记录形式有变化，但写日记这件事情已经成为我生活的一部分，不用主动提醒，也会每天去做。通过写日记，我会总结自己一天做了什么事情；对照计划，哪些完成了，哪些没有完成，从而督促自己更好地管理时间。同时，我还会自我评估做事情的质量和满意程度，哪些是做得好的应该继续发扬，哪些是做得不如人意的要更加精进，写日记让我每天都有进步。

培养良好的学习习惯是一个很大的话题，能单独写成一本书。在此，我根据多年的教学经验，**总结出形成良好学习习惯的三个关键词：立规矩、订计划、保执行**。如何制订计划和确保执行落地，我会在第三章详细给大家拆分讲解，这里先说说立规矩。

我教过的成绩好的学生，他们对自己都有很高的要求。比如：上课的时候认真听讲和记笔记；没听懂的地方下课后一定会抓着老师和同学问明白；每天放学回家先写作业再做其他事情；每天的学习都要建立"复习－作业－预习"的闭环；晚上做完作业，书包收拾得干干净净、整整洁洁；不同学科的卷子用不同的袋子装起来，方便以后查阅；平时积累错题本，将错误的习题整理出来；每周要进行周总结，画思维导图，总结一章的知识框架；考完试要进行分析反思，找老师进行错误归因分析，针对知识漏洞进行查漏补缺等。所以，给自己立规矩，对自己高要求，是形成习惯的第一步。

本小节给大家讲了习惯的力量，它虽是我们日用而不知的自动反应模式，却可以成为我们前进中了不起的动力源泉。

6. 意义感：为什么而学习

我曾经在高一入学的班会课上，在学生中间做过一个小小的调查，问他们为什么要好好学习。我鼓励学生说出自己的心里话，任何理由都可以，但必须是真话。考虑到他们在众人面前无法畅所欲言，我让他们匿名写在一张纸上交给我。如果你看到这段话，先不要急于往下看，也停下来，思考一下，你为什么而学习？

我收集到的答案五花八门，但总结下来可以分为三大类：第一类是从小我的物质层次出发，安身立命，为了谋生而学习；第二类是从小我的精神层次出发，提升认知，为了感受世界而学习；第三类是从大我出发，家国情怀，为中华崛起而读书。这三类答案没什么好与不好，与每个同学的家庭成长环境、所见所闻等有很大关系。

为了谋生而学习

为取得好分数、考入好大学、找份好工作等而学习，我把这些称为为了谋生而学习，这符合我们最基本和朴素的认知。书中自有黄金屋，书中自有千钟粟，书中自有颜如玉，宋真宗在《劝学诗》中很明确地告诉了读书人，只要认真读书，将来一定会有出息。这首诗告诉无数的读书人，读书可以出人头地、改变命运。从马斯洛的需求理论出发，人们要先满足生理需求，才会考虑尊重、自我实现的精神需求。所以，为谋生而学习，不能说不对，不过我们要尽量努力跨过这个阶段，继续思考一下，学习是为了什么。

为了感受世界而学习

学习，能让我们成为一个有温度、懂情趣、会思考的人。我们能有欣赏陶渊明"采菊东篱下，悠然见南山"的生活意境，也能体会杜甫"国破山河在，城春草木深"的忧国忧民。我们和朋友在一起，不仅可以讨论柴米油盐酱醋茶，还可以谈论琴棋书画诗酒花。你读过的书、写过的字，都会逐渐积累在你的脑海里，变成你的财富。读书让我们在跌宕起伏的生活中，拥有处变不惊的内心，拥有感受世界的能力，拥有对人生和对生命的体悟。

为中华崛起而学习

周总理年少时立下宏大志愿，为中华崛起而读书。他身处的那个时代，国家积贫积弱、民不聊生；外国列强虎视眈眈，把中国当作肥肉，想从中分得一块。周总理以这个宏大目标为读书学习的目的，可谓心怀家国，体恤民众疾苦。现在，身处和平年代的我们还需要为了中华崛起而读书吗？

答案当然是肯定的。当前国际形势错综复杂，全世界都在等待一场新的科技革命。同时，中国在科技领域仍有很多关键问题没有解决，这些都要求我们能够着眼于世界和国家的大势，去做与国家和人类命运具有深刻连接的事情。

大的历史叙事会影响每一个人微小的选择。现在的新高考为什么改革？因为国家需要更多创新型人才。教育部为什么出台强基计划？为的就是在数学、物理、化学、生物等基础科研领域有人才储备，这样才能实现科技创新，才能找到解决关键问题的方案，才能保证国家的长远发展。

所以，我们在做专业和职业选择的时候，应该把自己的命运与国家和民族的命运联系在一起，这不是一句空话，而是顺势而为。我有一次和一个朋友聊天，他说他以清华的上百个优秀学生作为样本做调研，**发现好学生一般都是 70% 笨功夫 +20% 巧方法 +10% 真性情**。就是说，功夫和方法固然重要，但是一个人如果没有情怀和梦想，不可能取得大成功。寻找学习的意义感对我们来说非常重要。

愿你能逐渐找到学习的意义。

第三章 做好复习的时间规划

第二章讲了如何发现和寻找自己的学习动力，这一章，我想给同学们具体讲一讲执行层面的事情：做好复习的时间规划。我会手把手带着你，分别从如何制订复习目标、了解自己的时间分配、分解目标和列出任务清单、制订日程表及执行日程表这5件事情出发，保证你考前的复习工作做得顺利且到位。做好了这些事情，我们才能把学习动力从"想"落实到"做"的层面，才能做到知行合一。现在，请同学们准备好一个日程管理本，跟着我一起开启"目标－任务－日程"的管理之路。

1. 制订复习目标：开启自律窗，安排复习时机

哈佛大学曾做过一项很著名的跟踪调研，调研的主题是：目标对人生的影响。科研人员追踪了一群背景相似的年轻人，25年之后发现，有明确且长期目标的人成了行业领袖；有短期目标的人也过

得不错；但没有目标的人大多数没有什么成就，生活得很不如意。智力、学历和生活环境十分相似的人，由于目标的不同，生活境遇迥然不同，所以，目标对于我们来说特别重要。

考试前的复习更是这样，**有明确的目标是我们取得好成绩的前提。**

开启自律窗，从收拾书桌开始

在讲制订目标之前，我想先让大家检查一下自己的书桌，如果是乱七八糟的，那么我建议你先把桌子收拾干净，再做接下来我要教你的事情。

我们学校每年在新高三动员会的时候，第一件要求学生做的事情就是：收拾书桌。你可能会很好奇，收拾桌子和学习有什么关系？你可以尝试着做一下，会发现把桌子收拾干净之后，脑子好像也不那么乱了。书桌是我们学习的地方。把书桌整理干净，拿走书桌上那些分散注意力的小玩意。这样一来，你在学习中就不会一会找这个、一会找那个。书桌干净了，脑子也就清爽了，"静能生慧"就是这个道理。

另外，我会把干净整洁的书桌称为"自律窗"。书桌是我们在真实生活中展示自律的一个窗口，它能给我们一个积极的心理暗示：能把书桌收拾好，我是一个自律的人。这种心理暗示也会影响学习的过程，让我们燃起学习的积极性。同学们，不妨试一试？

安排好复习时机

有学生经常问我："老师，我在考试前什么时候开始复习比较好？"

　　我说："这个问题可能不是个真问题。复习可以从考试前的任何时候开始。"艾宾浩斯在研究遗忘曲线的时候，有一个复习间隔建议，称为"351-351"记忆法。具体做法是，当你把需要学习的内容全部记住后，要尽量在3小时之内回忆一遍，接下来，在5小时内、10小时内、3天内、5天内、10天内分别复习一遍。经过这6次学习，就会形成长期记忆，你会发现自己对这部分内容的记忆相当深刻。如果你觉得这样做复习的频率太高、有点麻烦，那么我给你简化一下：在当天上完课后，回家先复习一遍再写作业；在每个周末，把本周学过的知识点通过思维导图等形式再复习一遍；在每个月结束的时候，通过做个测试题等方式再复习一遍……这样，你在考试前其实已经复习过3遍了，能够有效地抵抗遗忘。

　　有同学把考前复习等同于突击学习。我有一些学生，在小学和初中养成了平时不复习、考前突击的习惯，也能取得看起来还不错的成绩，于是就把这个习惯带到了高中。但是，突击学习是有问题的，人脑是肉长的，记忆是需要时间的，不是一旦输入就能永久保留。突击学习是短期记忆，之后很快就忘记了，因为这些知识没有留在大脑里。而且，由于高中课堂知识容量大、知识难度深、学科数量多，考前几天的突击复习根本起不到效果，结果常常是考试成绩非常一般。即使有些同学在突击复习后的考试成绩偶尔有一两次还不错，也是凭借小聪明拿到的高分，基础知识不扎实。这些同学到了高三就会发现，还有好多知识点没有完全掌握，悔恨不已。

　　如果同学们希望在考试前，对所有科目的知识点进行一次全面且系统的梳理，可以用一个考前复习时间参考表来规划时间。这个时间表我曾在《成为学习高手：清华博士的高效学习秘籍》中给同学们列过，在此再列一遍，供同学们参考。

表 1 提供了第二次复习和第一次复习之间的最佳间隔，它与距离考试的时间间隔呈递减关系。例如，9 月开学，10 月中旬到 11 月之间会有一次期中考试，那么根据表格中的时间，开始进行复习的时间就是考试前的 1 ~ 2 个星期，但是为了给自己留出空余以应对一些没有及时完成的事情，所以我建议，对于期中、期末考试，要提前 3 周开始复习，这样比较合理。

表 1 考前复习时间参考表

待考时间	两次学习间隔时间
1 星期	1 ~ 2 天
1 个月	1 星期
3 个月	2 星期
6 个月	3 星期
1 年	1 个月

制订复习目标

管理学大师彼得·德鲁克在《管理实践》一书中提出了目标管理的 SMART 原则，即以目标为导向，以终为始，进行倒推的一种"自我控制"，这项原则可以应用在复习中，帮助我们制订目标。下面介绍一下 SMART 原则。

SMART 是 5 个英文单词的首字母缩写。其中，S 代表 Specific，意思是明确的、具体的、详细的。这提示我们制订目标的时候要明确，比如，我希望复习数学的第几单元到第几单元，英语哪里是薄弱环节、需要重点突破。

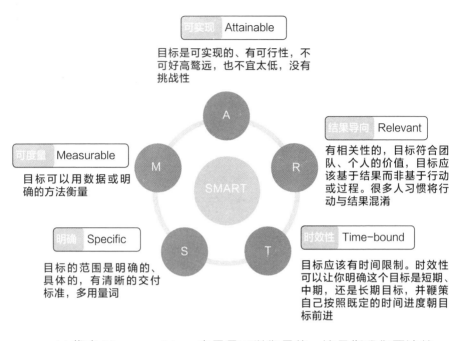

M 代表 Measurable，意思是可以衡量的，这是指我们要清楚地知道最终要达成什么，比如，在复习之前，数列的题目不会做，但通过复习，数列中档题的做题方法全都掌握了，数列这块的测试成绩能从 70 分提到 90 分。

A 代表 Attainable，意思是可实现的，就是说，目标不能定太高，任务不能定太多，否则我们会因达不到目标、任务无法完成而产生失落感。但目标也不能定太低，否则执行起来没有动力。

R 代表 Relevant，意思是要以结果为导向，做有相关性的事情。我们在学习的时候一定是要各个科目都努力去学习。但是，在考前的复习中，各个科目切不可均衡用力，要学会有所取舍，掌握好时间分配策略。比如，语文和英语，考的是平时积累，考前再突击也没有用，不妨多花一些时间在别的学科上。另外，一定要搞清楚考试范围，使复习和考试相关。

　　T 代表 Time-bound，意思是有时限的。明确的考试时间能倒逼自己控制学习进度，所谓"DDL 是第一生产力"就是这么个道理。你一定要让自己在考前都复习完，做到从容上考场。所以，在目标规划表中，我还列出了进度控制，通过制订关键时间节点作为检查点，进行进度的调整和控制。

　　利用 SMART 原则，我给同学们做了一个实用的工具——考前复习目标规划表，以高二语文、数学、外语的安排为例，供同学们复习前使用，如表 2 所示。

表 2　考前复习目标规划表

制订人：小明　制订日期：6 月 1 日　开始日期：6 月 3 日　截止日期：6 月 26 日

课目	目标事项	预期结果	进展控制			
			关键时间节点 1	调整和改进措施	关键时间节点 2	调整和改进措施
语文	1. 古文 2. ……	1. 课本中要求的古文和古诗会默写 2. ……	完成　☐ 未完成 ☐		完成　☐ 未完成 ☐	
数学	1. 数列 2. ……	1. 数列属于自己的薄弱知识点，希望关于数列部分知识的考试分数从 70 分提升到 90 分 2. ……	完成　☐ 未完成 ☐		完成　☐ 未完成 ☐	

课目	目标事项	预期结果	进展控制			
			关键时间节点1	调整和改进措施	关键时间节点2	调整和改进措施
英语	1. 语法	1. 时态没有掌握好，要进行各个专项练习，达到时态语法做题不错	完成　□　未完成□		完成　□　未完成□	
	2. ……	2. ……				

总结这一节的内容，**做好复习时间规划的第一步是制订目标。收拾好书桌，安排好复习时间，利用 SMART 原则制订好学习目标，**这样可以帮助我们在复习中以终为始去做好现在的事情，帮助我们做好"自我控制"，从而取得理想的成绩。

2. 用圆饼图了解自己的时间分配

大多同学应该听家长说过，要做好家庭"财务开销"管理，因为财务对于一个家庭至关重要。类比一下，对于我们最重要的是时间，如果想要在考前做到能精确地分配时间，更高效地利用时间，那么，我们就要先了解一下自己现在的"时间开销"。

柳比歇夫：记录时间开销

柳比歇夫是苏联的昆虫学家、哲学家和数学家，一生发表了 70 多部学术著作，各种各样的论文和专著加起来相当于 12500 多张的打字稿，这对于专业的作家来说也是一个非常庞大的数字了。

柳比歇夫让大家记住的不仅仅是他令人惊叹的论文和专著数量，更让人佩服的是，他 56 年来一直坚持记录自己的时间开销日记。《奇特的一生》一书中提到，柳比歇夫从 1916 年开始记录时间开销日记，一天没有间断，他记录的格式通常是：日期 + 事件 + 花费时间，每天记录 5 ~ 7 行。给大家举个例子：

乌里扬诺夫斯克。1964 年 4 月 8 日。分类昆虫学：鉴定袋蛾结束——2 小时 20 分。开始写关于袋蛾的报告——1 小时 5 分。附加工作：给大维托娃和布里雅赫尔写信，6 页——3 小时 20 分。路途往返——0.5 小时。休息——剃胡子。

柳比歇夫根据时间开销日记，月底做月度总结，年底做年度总结，用自己的独特方法统计支出的时间，追踪时间都花在哪儿了。正因为有对时间的高度敏感性，柳比歇夫才能不断调整自己的时间，把时间花在最值得做的工作上，高效地去完成如此多的科学著作。

大家有没有从柳比歇夫的例子中受到启发？

了解自己的时间分配

根据柳比歇夫的时间统计法，我们也可以尝试把自己的时间开销记录一下。首先，我们可以用一个圆饼图，把 24 小时分成 24 份，每份代表 1 小时。其次，记录自己每天要做的事情，例如学习、吃饭、睡觉、运动、洗澡等。最后，把这些事情统计一下，大概要花多长时间，分别在什么时间段内做这些事情，在圆饼图中填入自己每天做的事情和占用的时间，然后通过评估这个圆饼图，来反思自己是否有效地利用时间。这种记录和反思，会督促我们做出一些改变，比如，打游戏的时间太长了，需要减少打游戏的时间，这样能让我们更加高效地做好时间管理。

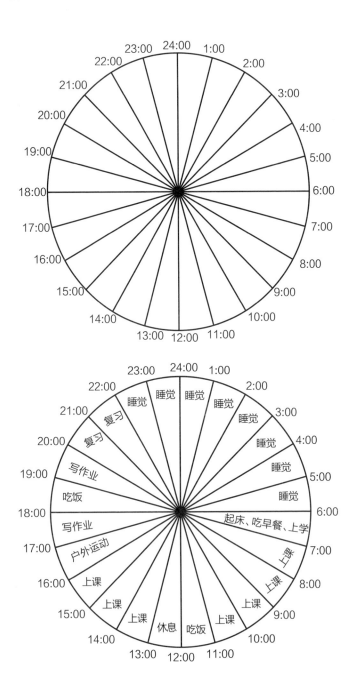

如上页图所示，我把普通中学生日常的时间列了出来（当然，每个人的时间表可能会略有不同）。由上页的下图可知，除上课、吃饭、睡觉等必须要做的事情之外，我们日常回家后可以利用的学习时间大概为 4 小时。在这 4 小时内，要用 2 小时写作业，另外 2 个小时（20:00—22:00）可以用来复习功课，是我们自己可支配的时间。

这意味着，如果我们根据上一节提到的考前复习目标规划表中列出来的时间安排，6 月 26 日是期末考试的日子，我们从 6 月 3 日开始，总共有 3 个星期左右的复习时间，也就是说，有 15 个上学日 +4 个周末的时间。15 个上学日（按平均每天 2 小时的复习时间）大概有 30 小时的复习时间，而 4 个周末是有大块复习时间的黄金时间，我们也可以根据上面的方法，把周末的时间分配列出来，这样就能够知道周末可以用来复习的时间有多少。

根据我对学生的了解，学生期末前周末每天的学习时间大概为 8 小时（上午 3 小时、下午 3 小时、晚上 2 小时），这意味着 4 个周末有 4×2×8=64（小时）。同学们看，如果提前 3 个星期准备，我们可以有 30+64=94（小时）的复习时间！不算不知道，一算吓一跳，是不是感觉 94 小时还是很多的，是不是突然觉得自己很"富有"呢？

同学们，你不妨也来试一下，用这个圆饼图，了解一下你自己的时间分配吧。然而，这 94 小时该如何利用呢？如何保证我们的学习任务能在这 94 小时内完成呢？下一节，我会重点给同学们讲这个问题。

3. 分解目标，列出任务清单，预估完成时间

上一节，我们通过圆饼图，了解了自己可以用来复习的总时间大概有多少。那么如何保证我们能在这些时间内，把计划的学习任务顺利完成呢？在这一节，我给同学们讲一下如何拆分目标，如何把自己想要做的事情与所拥有的时间匹配起来。

分解目标，列出任务清单

通常来说，我们的目标是一个阶段内的目标，比如考前 3 个星期或者寒假 30 天等。而平时的期中、期末考试，老师还有新课要讲，是不可能带领大家在平时上课时间进行复习的。所以，这就要求我们在这个阶段安排好复习时间，把时间颗粒度从"月/星期"调整为"天"，将 3 个星期或者 30 天的目标进行拆分，通过细化目标，把要完成的分解目标写到每一天要做的事情中，如表 3 所示。

表 3　任务清单表

课目	目标事项	预期结果	分解目标
语文	1. 古文 2. ……	1. 课本中要求的古文和古诗要会默写 2. ……	1. 古诗和古文共 15 篇，共 15 个上学日，每天晚上背诵和默写一篇 2. ……
数学	1. 数列 2. ……	1. 数列属于自己的薄弱知识点，希望关于数列部分知识的考试分数从 70 分提升到 90 分 2. ……	1. 先把知识点复习一遍，过一遍典型例题，再把练习册中不会的题目和错题重做一遍，再做 10 道相关练习题目 2. ……

续表

课目	目标事项	预期结果	分解目标
英语	1. 语法	1. 时态没有掌握好，要进行各个专项练习，达到时态语法做题不错	1. 一般现在时、现在进行时、一般将来时、一般过去时、现在完成时、共 5 个专题，每个专题先复习知识点，再做 20 道相关选择练习题
	2. ……	2. ……	2. ……

　　如表 3 所示，根据本章第 1 节中的目标事项和预期结果，我们可以把目标分解一下。例如：在语文复习时，古文和古诗共有 15 篇，在 15 个上学日中，正好每天晚上复习一篇古诗文，通过背诵和默写的方式巩固基础知识。复习数列，我们可以先把等差数列和等比数列的知识点复习一遍，做一遍典型例题，再把练习册上自己原来不会的题目和错题重做一遍并且复习错题本，然后再找 10 道新的相关练习题目去检测一下自己的复习效果，看看自己是不是真的掌握了。

预估每一项任务完成所需的时间

　　列完任务清单，我们**可以把目标拆解，把一个较长的时间跨度要做的事情，拆分到每一天中去，将目标更细致地落实**。需要考虑的一点是，完成这些事情所需的时间是否与我们的总时间匹配呢？我们能不能在有限的时间内完成这些事情呢？因此，我们还需要在任务清单表的右侧再添加一列，评估完成每一项任务所需的时间。

　　我们以任务清单表中的事项为例，对完成任务所需要的时间做一个大致的估算（如表 4 所示）：背完写完一篇古诗文，大概需要一个学习日的 0.5 小时；数列的知识点复习一遍并做一遍典型例题，大概需要一个学习日的 1 小时；巩固旧题和错题，大概需要两个学习日，每天 1 小时；做 10 道新题，大概需要两个学习日，每天 1

小时；英语每天复习一个时态，先复习知识点再做 20 道相关
练习题，大概需要一个学习日的 0.5 小时。这样计算下来，每个学
习日大概需要 2 小时的复习时间，好好利用每个学习日的晚上就能
把这些事情做完。这样一来，还能留下大量的时间完成别的目标事
项。

表 4　时间预估表

课目	目标事项	预期结果	分解目标	时间预估
语文	1. 古文	1. 课本中要求的古文和古诗要会默写	1. 古诗和古文共15 篇，共 15 个上学日，每天晚上背诵和默写一篇	1. 每篇古诗古文默写完，大概需要一个学习日的 0.5 小时
	2. ……	2. ……	2. ……	2. ……
数学	1. 数列	1. 数列属于自己的薄弱知识点，希望关于数列部分知识的考试分数从 70 分提升到 90 分	1. 先把知识点复习一遍，做一遍典型例题，再把练习册不会的题目和错题重做一遍，再做10 道相关练习题目	1. 知识点复习一遍并做一遍典型例题，大概需要一个学习日 1 小时；巩固旧题和错题，大概需要两个学习日，每天 1 小时；做 10 道新题，大概需要两个学习日，每天1 小时
	2. ……	2. ……	2. ……	2. ……
英语	1. 语法	1. 时态没有掌握好，要进行各个专项练习，达到时态语法做题不错	1. 一般现在时、现在进行时、一般将来时、一般过去时、现在完成时共5 个专题，每个专题先复习知识点，再做 20 道相关选择练习题	1. 每天复习一个时态，先复习知识点再做 20 道相关选择练习题，大概一个学习日需要 0.5 小时
	2. ……	2. ……	2. ……	2. ……

续表

课目	目标事项	预期结果	分解目标	时间预估
共计	1.……	1.……	1.……	在第一周，每个学习日需要2
	2.……	2.……	2.……	小时……

预估时间有两个好处。一是，合理预估完成每项任务需要多少时间，能够倒逼我们在单位时间内提升学习的专注度，就像考试一样，因为有时间限制，我们会很容易进入心流状态，学习效率因此得到提高。二是，我们合理规划每天需要做的事情，就像会计做资产负债表一样，去评估"资产"（即拥有的可支配时间）与"负债"（即我们希望完成任务的总时间）之间是否平衡和匹配。如果不匹配，那我们要么增加"资产"，即看看拥有的时间如何能变多，比如减少打游戏时间，或者利用好碎片时间等；要么减少我们的"负债"，即把一些不那么必需的学习任务或者自己已经完成的学习任务去掉，最终达到"资产"和"负债"的平衡。

总结起来，这一节给同学们讲了如何把一个较长时间跨度内的目标进行拆分和细化的过程：<u>**拆解目标→列出任务清单→预估时间，**</u>通过这个过程，达到"我们所拥有的可支配时间"和"我们希望完成任务的总时间"的平衡。

4. 制订日程表：能有效利用全天时间的方案

本小节终于到了做复习时间规划的最后一步了：制订日程表。你会发现，制订日程表不是一蹴而就的，不是随意安排的，前面的所有工作都是为了制订日程表。在总目标的基础上，从了解自己的时间分配开始，一步步分解目标、列出任务清单、预估完成时间。

只有通篇考虑，统筹规划，制订出来的每日学习任务安排才是最合适的。

学习日的日程安排

在这里，你可以回顾一下本章第 2 节和第 3 节的内容，学习日的总时间为 30 小时，我们已经通过分解目标和预估时间，了解了每天大概要做的事情及每天大概用多长的时间完成这些事情，现在就可以把具体的学习任务填入到每天的日程表中了，如表 5 所示。

表 5　学习日的日程表

时间 日期	20:00—20:30	20:30—21:30	21:30—22:00
6 月 5 日（周一）	默写古诗文	把数列知识点复习一遍 + 做一遍典型例题	一般现在时知识点 +20 道题训练
6 月 6 日（周二）	默写古诗文	巩固数列旧题和错题， 复习错题本	现在进行时知识点 +20 道题训练
6 月 7 日（周三）	默写古诗文	巩固数列旧题和错题， 复习错题本	一般将来时知识点 +20 道题训练
6 月 8 日（周四）	默写古诗文	做 5 道数列大题（新题）	一般过去时知识点 +20 道题训练
6 月 9 日（周五）	默写古诗文	做 5 道数列大题（新题）	现在完成时知识点 +20 道题训练
周末			
6 月 12 日（周一）	默写古诗文	……	……
6 月 13 日（周二）	默写古诗文	……	……
6 月 14 日（周三）	默写古诗文	……	……
6 月 15 日（周四）	默写古诗文	……	……
6 月 16 日（周五）	默写古诗文	……	……

按照我们之前的方案，把事件填入每一天的具体时间中，表 5 主要根据前面制订的目标，列出了前 5 个学习日（6 月 5 日—6 月 9 日）的具体规划安排，其他学习日晚上的安排可以根据其他目标进行拆解和规划。

这里要注意的是，日程表一定要精确到每一天的每个时间段，做到这一步，才算完成了时间安排。为什么呢？因为这样一来，你只需要按部就班去做该做的事情就可以了。这时你的内心是平静的、有把握的，心中既有全局，想要复习的所有内容都有安排，你不会慌张，不会总想着复习不完怎么办；又能专注于当下，把日程表当作检查表，知道每天要完成的任务是什么。每天完成当天任务后，在后面画上一个"√"，然后就能安心地去睡觉。每天完成当日任务其实是给自己一个正反馈，这种正反馈可以让自己信心满满地去面对第二天。

周末的日程安排

你可能会问："老师，你现在给出的范例是学习日晚上的安排，那周末的日程安排如何制订呢？"周末的日程安排原则和方法与学习日类似，你不妨根据自己的情况，自己来制订一下周末的日程安排表。不过，在这里我要提醒大家，在制订日程表的时候要注意以下几个方面。

（1）合理安排各科目顺序

经常有学生问我，期末复习的时候应该一天复习一科，还是应该每天都安排几个科目，交叉着一起复习？有些同学认为安排几个科目的话，大脑有转换成本，所以应该周末一天都复习一科。但是，这其实是错误的想法。

如果同学们了解学习的间隔理论，就知道每天都安排几个科目，轮流复习效果会更好。如果你的顾虑是不同科目之间的转换成本太高，那你完全不用担心，因为这样安排反而是个好事，转换要提取记忆，而提取这个动作能增强记忆效果。在同一天内交叉着学习几个科目，比学完一科再学另一科的效果好得多。

（2）管理好心理能量，90 分钟为最长专注学习时间段

人类的注意力是有限的，这是大脑的特点，是进化的结果，也是一种自我保护机制。罗伯特·波曾是麻省理工学院的效率专家，他曾经研究过音乐家的创作效率，发现音乐家们每工作 75 ~ 90 分钟后会休息一下，这样有助于他们集中注意力、完成大量的工作。如果不休息，脑力消耗到一定程度的时候，人们就会迟钝、发呆、注意力不集中，不能进行深度的思考。

因此，**我建议大家可以将 90 分钟设置为一个时间周期**，学习了 90 分钟，就休息 20 ~ 30 分钟，然后再重复这个模式。休息是一定要有的，休息一下，比如运动、打盹、远眺等，有助于大脑整合信息，更有助于我们后续的学习。

另外，脑力也是波动的，一方面会随着时间波动，一般早上刚起床的时候精力最充沛，头脑的活性最大；另一方面，会根据事情的难易程度来波动。所以，我建议大家最好在自己精力最旺盛的时间段去攻克自己感觉比较难的事情，比如早上 9 点左右是我们学习的黄金期，这个时候最好先学习数学、物理等比较需要动脑筋的学科。千万别一早上起来，就先去刷朋友圈、回复微信、打游戏之类，这会消耗我们的精力。如果是高三的学生，我建议同学们根据高考的时间安排，选择在考试的时间段内学习对应的学科。

（3）日程不要安排太满，留一定的冗余时间

有同学为了利用每一分钟，把自己的日程表排得满满当当，没有任何冗余的时间。我想说，这样做的出发点是好的，但是极度的高效率也是非常脆弱的，容易出现问题。泰坦尼克号上的船员明明知道他们可能会遇到冰山，本来可以选择绕行，为什么仍要冒险前行？这是因为大西洋的远洋轮船对于准点率有极高的要求。如果泰坦尼克号的船长绕行，那么船势必会迟到一天，然而，他可不希望这么重要的一艘船在首次航行就迟到，因此酿成了悲剧。过度的紧绷是有问题的，要给自己留出一些冗余时间处理突发情况，比如一道题目花了很多时间没做出来，导致后面的题目没有完成。如果有冗余时间，你就能轻松地面对这些突发情况。

下面，根据多年指导学生学习的经验，我列出一个高三学生的周末日程安排表，如表 6 所示，供各位同学参考。

表 6 高三学生周末日程安排表

时间	目标事项	时间	目标事项
7:30	起床吃饭	15:00—15:30	吃水果＋休息
8:30—10:00	学习	15:30—17:00	学习
10:00—10:30	运动	17:00—18:00	冗余时间
10:30—12:00	学习	18:00—19:00	吃饭
12:00—13:30	吃饭＋午睡	19:30—21:00	学习
13:30—15:00	学习		

注：具体的学习任务需要按照第 2 节到第 4 节的内容，填入到表格中。

总结本节的内容，这一小节教给大家如何制订日程表，我们把之前制订的任务规划填进日程表中，具体到哪个时间段做哪件事情、花多长时间完成，这样，在有约束力的"时间框架"里，能更好地提醒和督促自己完成该完成的学习任务。

5. 落实规划：3个时间管理的黄金方案

很多同学问我："老师，我知道怎么制订计划了，把日程表安排得妥妥当当了，也有热情、有动力去完成它，但执行时发现自己坚持不了几天就半途而废了，老师有没有什么方法？"这一节，我就给大家讲3个"知行合一"的时间管理黄金方案。

要事第一法

《要事第一》是史蒂芬·柯维写的一本有关时间管理的经典书，书中提醒我们不要只顾忙忙碌碌，比速度更重要的是前进的方向。

我在《成为学习高手：清华博士的高效学习秘籍》中也提到过，**要事第一，就是先做紧急且重要的事情**。比如，期末考试马上来了，这个时候就要把社团活动放在后面，优先应对期末考试；期末考试前复习的时候，要花比较多的时间去应对自己薄弱的学科或者知识点。而且，一定要勇敢说"不"，期末复习的时间段内，如果有小伙伴总叫你出去玩，你要勇敢地说不，因为这个时候复习功课对你来说是最重要的。

如果你发现制订的计划实在完不成，那怎么办？我的建议是，如果你的确努力做了，发现要复习的功课还是完不成，那不妨挑最重要的去复习，舍弃一小部分内容也是可以的。就像高考，它也有高频考点，重点的内容会年年考，非重点内容可能很多年也不会涉及。所以，如果时间真的很紧张，那么就挑重点来复习，**考试也遵循二八法则，重点内容出现的频率一定会高，我们抓住重点，就能抓住大部分的分数了，**不用担心太多。

GTD 搞定法

GTD 的英文是 Getting Things Done，这也是一本书的名字，中文版书名叫《搞定 I：无压工作的艺术》，作者是被誉为"在提高工作效率方面最有建树和影响力的思想家"戴维·艾伦。我在清华大学读书期间，受这本书影响很大，反反复复看了无数遍，它帮助我在学习和工作中很大程度地提升了效能。

GTD 是一套遇到事情进行时间管理的流程，它要解决的问题是：我们有一堆要做的事情，但不知道该如何下手，很多时候处于混乱的状态，不得不一边思考有哪些事情要做，一边去想如何做这些事情。根据 GTD 的流程，如果是 5 分钟内能完成的事情，那么就马上完成，赶紧处理掉这些事情，以免占据大脑内存。如果是 5 分钟内没法完成的事情，那么就写入备忘录，做好计划和安排，之后处理。

这种方法有什么好处呢？你有没有发现你在学习的时候，突然想起某件事，这时候你觉得如果马上去做这件事情会导致你的学习任务半途而废。GTD 提供了解决方案：在手头准备一个本子或者便利贴，在这个本子或者便利贴上随手记录自己突然想起的一些事情，然后利用间隙的时间去处理。这样在你学习的时候，不会因为总想着这些事情而占用脑力资源，也不会因为分心去做别的事情而耽误了学习任务，这个本子就相当于你的第二大脑，可以解放你自己的大脑，让你思考更重要的事情。

战胜拖延症法

在时间管理方面，我的学生遇到最多的问题就是，虽然他们也知道要学习，但就是拖着不想做，他们自己总结就是有"拖延症"。导致拖延症的原因有很多，我总结了一下，大概有下述几种情况：

（1）不重视也不喜欢；（2）不愿意做或者有完美主义倾向；（3）容易受到手机等诱惑。下面我们分别说一下针对这几种原因的解决方案。

对于第一种情况，不重视也不喜欢，该怎么办？ 我在第二章中详细地给同学们讲过，怎么让自己喜欢上学习，比如给自己正反馈，激发好奇心、好胜心，训练自控力，培养良好的习惯，给自己意义等。其实，很多时候，我们不是"因为热爱而学习"，而是"因为学习而热爱"。什么意思呢？稻盛和夫认为一个人从一开始就干自己喜欢的工作，这是一个小概率事件，所以这事儿得倒过来想："因为热爱而沉迷"，可遇不可求；但是，"因为沉迷而热爱"，一定会发生。**不管喜不喜欢，先投入进去再说。一心一意埋头苦干，自然就会做出成果；有了成果，自然就会更有动力和信心投入工作，**从而形成一个正反馈循环，这样就会"沉迷学习，无法自拔"了。

对于第二种情况，不愿意做或者有完美主义倾向，该怎么办？ 对于这种同学，时间管理首先要解决的是心理层面的问题，而不是技术层面的问题。很多同学会有如下的心理误区：老师讲了那么系统的时间管理方法，看起来有点复杂，我还是按照自己原来的方法做吧；时间管理会让我变得做事情过于有条理、古板，什么都按计划，就失去自我了，还不如不做计划……类似的心理误区不打破，就没有办法进行时间管理。当你担心自己做不好时，不妨"转念一想"，反正都是要面对的，不如找到一个积极的、能说服自己的理由，主动去做。自由的前提是自律，想打破计划和规矩的前提是遵循计划和规矩。只有具备了正确的心理认知，我们才能发展出制订目标的能力、制订计划的能力、培养良好学习习惯的能力以及处理多任务的能力。只有把这些能力逐步培养掌握之后，才能真正具备有效时间管理的能力。

对于第三种情况，容易受到手机等诱惑，该怎么办？ 我们可以**给自己制造一个无诱惑环境，把手机放在客厅，书房（或者自己学习的屋子）里不能放手机，**这样就在空间上制造了隔离。我们还可以给自己设定一个专门处理手机信息的时间，然后其他时间不用手机，这样就制造了时间上的隔离。同学们可能会说，可是我要用手机看时间啊，这个容易，一块手表就解决问题了。还有同学会说，我要用软件搜题目的解法啊，其实不用，买一本好的参考书，后面的答案就已经解析得很详细了，并且现在很多搜题软件已经不能再用了，遇到难题就查答案，同学们会养成懒惰而不思考的习惯。

手机特别容易干扰我们的正常生活，手机上一会儿一条消息让你应接不暇。我平时既要备课上课，还要做饭看娃，零碎时间还想拿出来写书，这也特别考验时间管理能力。我把手机上所有浪费时间的应用全都卸载了，一开始还会担心错过什么重要事件、跟不上时代节奏，结果我发现其实什么都没错过。而且，我在上课、写书等期间，会把自己的手机调整成勿扰模式。这样，电话、微信、短信等统统都会被隔离，我就能更专注、更高效地完成要做的事情。

总结一下，要想做到知行合一，把制订的计划和日程都完成，我们可以采用要事第一法、GTD 搞定法和战胜拖延症法。时间管理不仅仅是一个方法，还是一个系统，是一系列能力的综合，是习惯逐步培养的结果。同学们一定要按照本书中老师教给你的方法亲身实践一下，你会发现，用不了多久，自己的"段位"就会上升很多。

第四章　掌握正确的复习方法

上一章中，我着重给大家讲了复习的时间规划问题，什么时候要做什么事情，重点在于解决"时机（when）"和"事件（what）"。这一章，我会重点给大家讲下"怎么做（how）"，即如何掌握正确的复习方法，进行科学高效的复习。在这一章中，我会从把握方向出发，给大家讲讲为什么复习的时候要用整体复习法、如何通过自查发现自己的不足、如何在复习的时候提升记忆效果、如何有效地刷题等同学们最关心的话题。

1. 把准方向，树立学科核心素养

我们经常说，选择大于努力，考试复习也是这个道理。**掌握正确的复习方法的前提是，把准命题的方向，了解试题考查的重点，**这样才能使你的复习走在正确的轨道上。这一小节，我们先不聊具体的方法，先给大家说说如何把准命题方向，建立模型思维，树立核心素养。

把准命题方向，研究命题趋势

面对任何一场考试，我们都要知道为什么考、考什么、怎么考。对于一般的考试来说，如期中考试、期末考试，我们要问清楚老师考试的重点在哪里、考试的范围是什么、考试的题型是什么等。而对于大型的考试，比如中考、高考，我们要研究考试的命题方向和命题趋势，要请教有经验的老师。怎么研究呢？下面，就以高考为例，给同学简单介绍一下。

一要通读课程标准。课程标准是教学指导性文件，无论是教材编写、考试设定还是教师授课，都要严格遵循课程标准。它是对学生在经过一段时间的学习后应该知道什么和能做什么的界定和表述，反映了学校对学生学习结果的期望，因此，课程标准是"纲"。

二要看国家出台的一些政策和意见。高考的本质是为国选材，所以要关注国家重点发展的大势，这会在各个学科的试题中都有所体现。例如，党的二十大报告中提出"推动绿色发展，促进人与自然和谐共生""尊重自然、顺应自然、保护自然，是全面建设社会主义现代化国家的内在要求"，这就可能是生物考试的背景题目，这提示我们生态部分的内容一定要认真复习。例如，2022 年全国乙卷作文材料为："双奥之城，闪耀世界……亲历其中，你能感受到体育的荣耀和国家的强盛；未来前行，你将融入民族复兴的澎湃春潮。卓越永无止境，跨越永不停歇。"这提示我们要关注国家的发展，多关心国家大事。

三要关注教育部考试中心的一些文件。教育部公布了"中国高考评价体系"，明确了"一核四层四翼"，这指出了新高考改革的方向，对学生的评价形式发生了很大的变化。如果你关注了就会发现，近些年来高考的命题方向越来越从追求标准答案走向形成解决方案的考察。有同学问："老师，你怎么没有提到'考试大纲'？""考试大纲"一般规划了考试的范围和考察的重点知识考点，给学生复习提供了一个标准的范围。然而，为了促进教考有效衔接，防止简单地、片面地考什么就教什么、学什么，这几年教育部不再下发考试大纲。

同学们注意，高三的老师们经验丰富，他们有着很强的研究能力和多年教学形成的对考试命题方向的直觉，一定要多向他们请教。但这并不意味着你自己不去研究，自己研究清楚了，才不会在复习的时候找不着重点，才能知道更值得在哪里花时间。

建立模型思维

我们学习了很多知识，但是，这些知识是怎么来的？大多数考试，考察的是我们运用知识的能力，但是倘若我们站在更高一层去俯瞰考试题目，懂得如何从一堆纷繁复杂的知识中总结智慧，形成自己直面世界的思维体系，再次面对考试题目的时候，我们就会有一种"俯仰兴怀"的感觉了。

人类思考的层次通常要经历三次进阶：自然思维（直觉思维）−反省思维（理性思维）−模型思维（元认知思维）。第一阶是自然思维，是混合着真理和谬误、直觉与错觉、事实与偏见的思维；第二阶是反省思维，是对第一阶思维的分析、评估、审验，对既有的认知进行校正、更新、完善等；第三阶是模型思维，是对第二阶思维的思考，形成对事物的元认知。这么说有点抽象，我来给大家举个例子。

一个小孩踢足球，他用了很大力气踢出去，但没有踢很远。而一个大人随便踢一脚，球就会被踢得很远。足球运动员有着丰富的经验，他会说："踢球的力量越大，球飞得就越远，要注意带球和踢球的角度，才能顺利射门。"这就是自然思维。而教练会反复观察球员的射门角度、带球速度、踢球力量，告诉球员们如何进行训练，这就是反省思维。

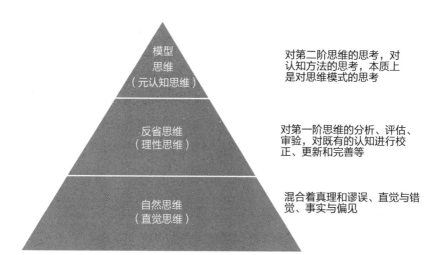

模型思维
（元认知思维）
对第二阶思维的思考，对认知方法的思考，本质上是对思维模式的思考

反省思维
（理性思维）
对第一阶思维的分析、评估、审验，对既有的认知进行校正、更新和完善等

自然思维
（直觉思维）
混合着真理和谬误、直觉与错觉、事实与偏见

但是，教练的指导可能没那么精确，如果力量增大一倍，球的飞行距离能增加多少呢？这是物理学问题。想要知道踢球的力量和球的飞行距离的关系，我们可以用牛顿第二定律公式描述力量和加速度的关系，之后通过加速度和触球时间计算速度，复杂点的，可以再考虑地球重力和空气阻力……这就是模型思维，虽然结果也会有误差，但是它能帮助我们精确地推演。

这正是学习的意义，把知识抽象成模型，用模型来理解世界，用模型来解释机理，用模型来解决问题，从而形成人类的智慧。而考试就是考察我们运用知识、解决问题的能力，当我们真正懂得了知识的来龙去脉，建立了模型思维，那考试对我们来说真的就是小菜一碟了。

树立学科核心素养

学科核心素养是近几年来出现频率最多的一个词汇，也是当今世界各国课程改革的风向标和主基调。它是指学科的思维品质和关键能力，它厘清了学科课程的育人目标，指明了学科教学与评价的方向，规划并引领学科教育教学实践，所以是考试的重点。例如，高中语文的核心素养为语言建构与运用、思维发展与提升、审美鉴赏与创造、文化传承与理解。数学学科的核心素养为数学抽象、逻辑推理、数学建模、直观想象、数学运算、数据分析。

我以生物学的核心素养为例，给大家讲讲核心素养在考试中的作用。生物学核心素养由四个要素组成：生命观念、科学思维、科学探究、社会责任，这四个要素是一个统一的整体。例如，2020 年全国卷的一道考试题目是这样的：

某研究人员用药物 W 进行了如下实验：给甲组大鼠注射药物 W，乙组大鼠注射等量生理盐水，饲养一段时间后，测定两组大鼠的相关生理指标。实验结果表明：乙组大鼠无显著变化；与乙组大鼠相比，甲组大鼠的血糖浓度升高，尿中葡萄糖含量增加，进食量增加，体重下降。

这个题目首先问学生为什么甲组大鼠的血糖浓度增加？这本质上考察的是生命观念中的结构功能观，胰岛 B 细胞（结构）产生胰岛素能降低血糖（功能），根据血糖降低（功能）可以推测原因是胰岛 B 细胞受损（结构）。其次，问学生为什么大鼠的体重会下降？这就是考察科学思维和科学探究，由于甲组大鼠缺乏胰岛素，机体不能充分利用葡萄糖来获得能量，导致机体脂肪和蛋白质的分解增加。最后，考察社会责任，问这样做实验的意义是什么？糖尿病模型大鼠可以作为实验材料，用于研发治疗这类糖尿病的药物。

通过这道题，大家有没有发现，我们自己平时在做题时属于就题做题，觉得掌握知识点就完事了。而老师看题目，是看命题人如何考、为什么这么考；而命题人出题，是一定要围绕核心素养进行考察的。所以，我一直和学生强调一道高考题做十遍都不为过，站在不同的位置和身份去思考题目，才能有更高的思考角度，最重要的就是要掌握本学科的核心素养，这样才能无往而不胜。

2. 整体复习法，提升学习效率

上一节我们比较"务虚"，给同学们讲了一下方向。从这一节开始，我要手把手地教同学们复习的方法。同学们在进入复习阶段的时候，可能会想要把所有学过的内容系统性地过一遍，但是经常感觉要复习的内容实在太多了，眉毛胡子一把抓，不知道从哪块入手。

老师也经常布置读书作业，说同学们回家一定要认真地把书看一遍。可是，怎样才是认真地把书看一遍？我看到有些同学回家拿着书一个字、一个字地读一遍，还有的同学拿着尺子画波浪线、着重号，看起来读得很认真，然而，这真的起到了"读书"的效果吗？

这一节，我就给同学们讲讲"整体复习法"，告诉同学们如何提升学习效率。

整体复习法：先整体后局部

我们都知道，记忆要靠神经元进行传递，神经纤维之间的信息传递靠电信号，然而，神经元和神经元之间要靠突触连接，就像地铁要经过一个一个的"换乘站"。但是，一个信号在进"换乘站"之前的样子和出"换乘站"之后的样子，可能不是完全一样的。因此，我们的记忆在这个过程中会发生些许变化，或者说，会变得"模糊"。

记忆的模糊性特征使得我们在记住细微的差别之前，需要先记住那些较大的差别。这就给我们一个启发：想要记住某一领域的知识，不应该一下子扎入那些具体入微的细节当中，更有效的方法是：先从全局入手，了解全局有哪些分区或子类，之后再进入各个子类，一点点向下细化，分步推进，这种方法称为"整体复习法"。

也就是说，**当我们在学习的时候，要先把学习的内容看成一个整体，从大局出发，然后循序渐进、逐步拆分和细化**。例如，在学习历史的时候，如果一开始就想理解某个特定时代的细节，一上来就去背 1911 年发生的事件，那么即使背下来了，也是死记硬背，不能真正理解，很快就会忘掉。我们应该把 1911 年放在整个历史背景中去，掌握中国历史的整体脉络，知道中国社会性质的演变过程，理解中国在什么时期处于半殖民地半封建社会，最后再精确到某一特定年份，这样才能深刻理解 1911 年发生的辛亥革命的意义。大家记住：要先把握整体框架，越细致的内容越要留到后面学，脱离整体的片面信息会被大脑判定是无用的，用不了多久就会被大脑删除。整体复习法是一种遵从人脑特质的科学方法，只有这样，学习的内容才能形成一个系统，才能把知识理解得更透彻、记得更牢固。

整体复习法拆解：回忆输出 + 思维导图

那如何循序渐进、逐渐细化呢？我们可以**把整体复习法进行拆解，分为回忆输出和思维导图两个部分**。

输出是一种最高效的学习方法。学生可以通过语言输出、文字输出和体验输出等方法提高复习效率。高效输出可不是指一字一句地把课本读完那种被动学习，而是指通过主动回忆进行的复习。我曾在《给孩子的费曼学习法》中教过大家具体的输出方法。大家可以给自己准备一个笔记本或者一块挂在墙上的大黑板，然后把复习内容讲给别人听。这里，我再教大家一个方法——"抓重点、列清单"。就是把要记忆的内容中最重要的几点，比如：有特点的句子、能够体现文章中心思想的句子等，列成一个清单，把这些清单上的重点作为"锚点"，通过清单串起整个内容。这个方法亲测有效，特别是在复习文科类知识的时候，可以大大减少大脑的思维负担，让记忆事半功倍。这个方法不仅仅适用于文科，同样也适用于理科类的公式推导、函数求导等过程，我们可以通过这个方法来一步一步回忆整个公式的推导步骤和流程。

输出的过程最好用思维导图的形式进行。思维导图通常是围绕一个概念展开，通过映射图像的方式展现整体和部分之间的分层关系。同时，这相当于把文字、数据等抽象信息转化成了图像信息。人脑对图像有更强的识别和记忆能力，所以思维导图能帮助我们"既见树木，也见森林"。关于如何画思维导图，我在《成为学习高手：清华博士的高效学习秘籍》中有详细介绍，这里就不再赘述。

不过，我的学生在画思维导图的时候，遇到了问题，问我："老师，我画思维导图的时候，发现有的地方死活想不起来，这个时候是不是马上要去看书并补充上？"我说："一定不要。"你在复习的时候，如果遇到想不起来的内容或者段落，不要立刻翻书查看，先把这一段空着，略过去继续往下回忆。整个章节复习完后，再重新回想刚才想不起来的那一部分，兴许就能想起来了，因为知识点之间是相互关联的，后面的内容会帮助我们想起前面的内容。这也提示我们在复习的时候，一定要尽量多回忆，回忆用的时间越多，记忆的效率就越高，学习的效果也就越好。千万不要觉得麻烦、浪费脑力、花费时间、懒得去回忆，更不要找一本参考书直接把人家的思维导图抄一遍，那样起不到学习的效果。

如果实在回忆不起来，那就等这一章节都复习完后，打开书或者笔记本，用红笔在刚才没有想起来的那个地方进行标注。红笔的作用在于醒目的提示，当我们再次复习到这个地方的时候，就要重点看红笔标记的内容，它代表知识点的薄弱之处，这样能帮助我们更快地完成记忆，更高效地完成复习工作。

一定要用手写，好记性不如烂笔头

我小时候有一个习惯，复习功课的时候，会用专门的笔记本把复习的内容写出来。我发现这样复习能记得很牢固。长大后，大家都有了笔记本电脑，于是，我在开会、工作时大都用笔记本电脑记录。这样确实很方便，很多时候用语音识别或者复制粘贴就都搞定了，实现了信息化和无纸化，但我发现通过这样的方式记录下来的很多东西记不住。一开始，我怀疑是自己年龄大了，记忆力不行了，直到我看了下面这项研究，才恍然大悟。

日本一个研究团队 2021 年在《行为神经科学前沿》发表了一项研究：他们把志愿者按照记忆能力、性别、年龄，均匀地分成了3 组，让他们记录并记忆未来 3 个月的安排，但 3 组人辅助记忆的工具不同，第一组用纸和笔，第二组用平板电脑中的日历 App 和手写笔，第三组用手机上的日历 App 和虚拟屏幕的输入方式。之后，研究人员让志愿者回答了一系列问题以测试他们对日程安排的记忆，并用磁共振成像扫描他们的大脑，来测量大脑周围的血液流动。在大脑特定区域观察到的血流增加是该区域神经元活动增加的标志。

结果发现，得分最高的是用笔和纸辅助记忆的志愿者，回忆的正确率为 91%，而用电子产品的志愿者的回忆正确率只有 80% 左右。同时，用纸和笔的志愿者的平均回忆时间为 11 分钟，而用电子产品的志愿者的回忆时间分别为：用平板电脑的人 14 分钟、用手机的人 16 分钟。这些结果都说明，从记忆效果上来看，用纸和笔对于辅助记忆有明显的优势。

　　这是为什么呢？研究发现，用纸和笔的人在大脑的视觉区和海马体区域都有更强烈的大脑活动，这说明手写的方式使得视觉区的某些区域更加活跃，从而刺激海马体对短期记忆任务完成得更好。所以，大家别看用笔和纸这一方式很原始，但使用这种方式会让我们获得更好的记忆和学习效果。

　　所以，请同学们准备好一个复习的笔记本（每一科目复习的笔记本可以与上课的笔记本用同一个）。同学们在复习的时候，不要因为老师要求你做思维导图、做总结笔记，而为了写得美观、不出错、让老师看着赏心悦目，就在电脑上摆弄半天，那样做其实效果并不好。我们不要为了形式而丢掉原本的要义，亲手写一遍，比用电脑复制粘贴的效果好多了。有些看上去更费事的做法，实际上在帮我们用其他路径激活大脑的功能，加强学习效果。

　　总结一下，这一节给同学们讲了整体复习法，先从全局入手，再进行拆分和细化，通过"抓重点、列清单""画思维导图"和"写出来"的形式，让同学们从千头万绪中理出思路，从"读书看字"变成"提取信息"，掌握高效的复习方法。

3. 四种自查法，实现查漏补缺

上一节给同学们讲了整体复习法，希望同学们能在考试前把所有功课系统性地复习一遍。这对于那些平时就扎实复习的同学来说，不是什么问题，因为他们平时的学习漏洞比较少。但是，如果一些同学平时的学习漏洞比较多，想在复习期间补上来，找到自己的薄弱环节进行有针对性的学习，有什么办法吗？

这一小节，我就给大家讲讲四种进行查漏补缺的自查方法。

目录自查

目录自查是最简单的一种自查方式，也是最容易操作的一种方法。每本教材都有目录，目录当中有详细的各个板块的大标题与小标题。自查的时候，我们可以对照着目录复述，争取把每个小标题内的详细内容复述出来。如果可以流利复述出来，说明自己已经熟练掌握了这部分内容；如果复述中卡壳了或者说不清楚，说明这里就是自己掌握得不好的地方，需要重点攻克。

复述的时候，可以拿一个录音笔给自己录音，录音笔最好用那种可以将语音转成文字的款式（或者借助可以将语音转文字的软件）。复述完后，我们可以将复述的内容和书上的内容进行对照，哪里说漏了，哪个知识点没有说全，哪些术语用词不当，都可以在转录出的文字上做标记，提示自己要注意。

关键词和例题自查

无论哪一门学科,最基础的莫过于概念,在学习和掌握学科知识的过程中,都必须重视对该学科基本概念的理解和掌握。把所有重要概念复习一遍,也可以帮助我们发现问题。所以,我建议你向老师要一份关键词清单,所有有经验的学科老师手中一定有这份关键词清单,甚至有些老师在平时布置作业的时候就会让大家默写关键词,你可以收集关键词,供自己复习时使用。

但是,对于数学、物理等理科科目的复习,光复习关键词是不够的,还要把课本上的所有例题再做一遍。能进入课本的例题一定是经过千挑万选的经典题目,无论其题目设置还是解题方法都值得我们在复习的时候重新做一遍。做的时候,我们要用白纸把书上的正确答案遮住,自己在笔记本上进行练习,做完之后,再与正确答案进行对比,看看自己的答案与正确答案有什么不同,对不同的地方要重点关注,反思自己是不是这个知识点没有掌握好。

错题和试卷自查

我会要求我的学生**在平时做题的时候一定要写错题本**,错题代表我们学习的时候没有掌握牢固、学得不扎实或者学了以后不会举一反三的地方。一个学期下来,学生学习的漏洞和薄弱环节都可以积累在错题本上,所以在考试前,学生把错题本全部复习一遍,也是一个非常好的查漏补缺的方法。

试卷自查也是一个很好的方法。我们可以做几套模拟题,分析模拟题的丢分情况,找到薄弱环节。时间比较充裕的,可以做单元专项练习模拟题,这样检测得会更细;时间没那么多的,可以做整体检测,做三套也就差不多了,好的模拟题,三套卷子的知识点覆盖量可以达到 90%。通过自查把自己的薄弱环节找出来，然后通过专项训练的方式进行攻克。

考纲自查

考纲自查是最有效的提分方法，一般来说，"考试大纲"当中对于考哪些知识点；知识点考查要求到什么程度，是理解层面还是运用层面，都会有详细的规定。

考研有考研大纲，考托福有官方指南等，这些都是很好的参考资料。但是，高三的同学问我，现在没有"考试大纲"了，那怎么办？2019 年是有大纲的最后一年，我们不妨把这个绝版考纲打印出来，对照着里面的知识点和能力要求，分别自查，看自己能否达到考纲的要求。凡是没有达到考纲要求的地方，就是我们需要加强的薄弱环节。

我当了这么多年老师，有个体会，那就是学习终归是自己的事情，再优秀的老师给你教学辅导，也不如你自己了解自己。很多同学平时看起来很努力，然而成绩始终得不到提高，就是不懂反思、不会自查导致的。进步就是不断发现问题、解决问题的过程，只有通过精准的自查，我们才能发现自己存在的问题，才能有针对性地找到问题并及时改正，我们的成绩才能稳步提升。

4. 三种记忆法，助力高效复习

有同学经常和我诉苦，复习的时候，大量的知识涌过来，要记忆和背诵的东西太多了，语文有一堆古诗文，数学有一堆三角函数公式，英语还有一堆单词、语法……他们羡慕有些同学很快就能记住这些东西，他们抱怨自己的记忆力差，背了总是忘记。可是，事实真的是这样吗？

研究发现，每个人的记忆空间都是一样大的，记忆力天生也没多大差别，而记忆水平的差别在于后天的开发，其实记忆的秘诀任何人都可以掌握。这一小节，我就给大家聊聊提升记忆力的几个方法。

记忆的机制和原理

记忆，记为存储、忆为提取，就是将信息在脑内进行"存储"和"提取"的神经活动过程。记忆根据保留的时间长短，可以分为感觉性记忆、第一级记忆、第二级记忆和第三级记忆。其中，感觉性记忆又称为瞬时记忆，是刺激作用于感觉器官所引起的短暂记忆，有效作用时间不超过两秒。

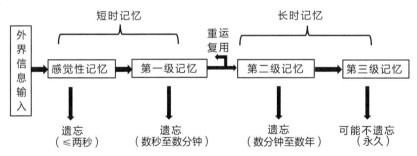

第一级记忆也称为工作记忆，保留时间可以为数秒到数分钟，记忆主要在海马区内进行处理，遗忘的原因是新的信息代替了旧的信息。我们平常经常会遇到一类同学，你刚提出某个问题，他马上就能给出答案，我们说这样的人聪明、脑子快，其实不尽然。所谓脑子快，就是指工作记忆容量大。

那工作记忆容量能提升吗？日本的一个研究组发现，如果对人们进行工作记忆训练，会导致大脑结构产生一定的变化，变化的区域包括大脑顶叶区域和胼胝体主体的前部，这是工作记忆的关键部位。也就是说，如果你坚持训练工作记忆，你的大脑就会从生理上发生改变，使得工作记忆容量增大，脑子运转得更快。

通过反复学习和运动，信息会在第一级记忆中循环，从而延长它在第一级记忆中的停留时间，这样信息就容易转入第二级记忆，甚至第三级记忆，记忆就从短时记忆变为长时记忆了。这也就是我在《成为学习高手：清华博士的高效学习秘籍》里提到的：要反复训练，才能让神经元建立连接，记忆才能发生。枯燥的重复是达到高深境界的唯一途径。

同学们肯定很好奇，我们不是要讲怎么提升记忆力吗？讲了这么多原理，怎么运用呢？每一次知识训练其实都相当于在用外界信息去刺激海马体。那么，如果我们能提升每一次刺激的强度，是不是就能减少刺激的次数，从而提升记忆效率了呢？下面我就给大家讲几种可以增加刺激强度的方法。

记忆宫殿法

我们在记忆一些抽象的、不熟悉的内容时，会感觉比较困难，这时就需要转换它，将它变为生动、直观的形象内容，激发自己的情绪。场景越熟悉、情绪越激烈、场面越离奇，就越有利于记忆。记忆宫殿法就是利用这个原理，增加每次刺激的强度，使记忆更牢固。

记忆宫殿法也是热播剧《神探夏洛克》中夏洛克使用的方法。我们可以把要记忆的东西想象成一座"宫殿"。这座"宫殿"要是我们非常熟悉的地方，比如自己的家，进门是走廊，右手是厨房，左手是客厅，走过客厅有三间卧室等。对于熟悉的场景和空间位置，你能把每一个细节在脑中非常鲜明地呈现出来。

之后，列出明显的特征物。在每一个场所选择一个或几个具有明显特征的东西，比如门上的挂画、走廊的鞋柜、客厅里的桌子、阳台的窗户等，它们中的每一个都将成为一个"记忆槽"，每一个"记忆槽"都可以储存一个特定的信息。而且，你要事先按照路线亲自走上一遍，当你看见那些明显的特征物时，要大声地说出来，以加深记忆。

"记忆槽"准备好后，就该把要记忆的东西与"宫殿"联系起来了。联系的方法是：把刚才那些特征物和你想记住的要素结合起来，在每个"记忆槽"中填入要记忆的东西，然后把两者联想在一起，而且联想得越离奇越好，因为人们通常无法记住每天见到的那些不起眼的小事，但是对那些古怪的场景印象非常深刻。夸张的画面能够刺激人的感官，才能更加令人印象深刻。

举个例子，大家都觉得高中语文课本中的《孔雀东南飞》很难背，"十三能织素，十四学裁衣。十五弹箜篌，十六诵诗书。十七为君妇，心中常苦悲。"我们在记忆时就可以这样想：进门挂画上画着衣服（织素），打开门，鞋柜上放着一把剪刀（裁衣），沙发上坐着两个人，一个人在弹箜篌（箜篌），一个人在读书（诗书），他俩在等妈妈回来（妇），脸上露出悲伤（苦悲）。这样一下子就把"织素－裁衣－箜篌－诗书－妇－苦悲"联系在了一起。

记忆宫殿法属于联想记忆法的一种。如果我们要记忆的东西没有那么多、那么复杂的时候，可以不用"记忆槽"，直接把事物之间的关系编辑成一段形象的故事即可。例如，有一组毫不相关的词语：蒸汽机和人、马和面包、兔子和酒吧。这些词语看起来毫无联系，但如果我们用"人和蒸汽机比工作速度，结果累得满头大汗；找了一匹很肥的马想要骑，结果马胖得像个大面包，走不动，还撞到了一只刚从酒吧里出来的兔子"。这种联想组成了有趣的一段话，虽然很夸张，但完全可以令你印象深刻，这也就解决了我们记忆难的问题。

编口诀法

背古诗难、背公式难、背单词难，大家不妨试试另外一种方法"口诀记忆法"。很多时候，朗朗上口的口诀能帮助我们记忆很多东西。

例如，大家很熟悉的朝代歌就是用口诀串起来的。历史上那么多朝代，很容易记混淆，我们可以通过朝代歌来记忆：三皇五帝始，尧舜禹相传；夏商与西周，东周分两段；春秋和战国，一统秦两汉；三分魏蜀吴，二晋前后延；南北朝并立，隋唐五代传；宋元明清后，皇朝至此完。

再例如，记忆太阳系中各个行星位置的时候，我们也可以利用谐音，编一个顺口溜：太阳系，水晶球，火带木，土填海。意思是说，"太阳系"里面围绕太阳转的行星根据公转轨道离太阳的距离从近到远依次排列，"水晶球"指水星、金（晶音似金）星和地球；"火带木"指火星、小行星带和木星，这个"带"字既可以指"小行星带"，还可以理解为火星后面"带"（紧跟）着木星；"土填海"指土星、天（填音似天）王星和海王星。

最后，还有一个魔幻的《哆啦A梦》主题曲万能套用模板，凡是能套用《哆啦A梦之歌》这个调的都能试试。例如，"凑十歌"，大家可以自己试着清唱一下：一九一九好朋友，二八二八手拉手，三七三七真亲密，四六四六一起走。

狮子记忆法

饥饿、走动和降低室温有助于记忆。

狮子觉得肚子饿的时候，就会去狩猎，而饥饿时正好是记忆力最强的时候。有研究表明，我们在学习时最好让自己处于适度饥饿的状态，因为肚子饿的时候记忆力会比平常强（当然，太饿也不行，葡萄糖供给不足、能量不够，更别谈记忆了）。肚子饿的时候，我们的胃中会分泌一种"饥饿激素"，这种激素能随着血液循环进入海马体，促使海马体的神经元兴奋，于是，记忆力增强。所以，大家放学回家的时候，千万别先玩一会，等吃完饭再学习，一定要先开始学习，因为晚饭前这种适度饥饿的状态是有利于记忆的。

狮子在捕猎的时候，会来回走动或跑动，激活海马体的 θ 波，使得捕猎更加专注，从而增加记忆力。所以，当我们记忆和背诵东西的时候，不妨站起来走一走，这样会比坐在书桌前的效果好。我们在电视剧里经常看到古人背书的时候摇头晃脑、踱来踱去，这么做是有一定道理的，这就是 θ 波带来的红利，让我们的记忆更加深刻。所以，如果你放学坐地铁或者坐公交回家，这个时候背背单词和古文其实是个不错的选择——虽然你的身体没有动，但是大脑感知到你在动，它就会产生 θ 波（当然，前提是你不晕车，晕车的话，此法慎用）。

无论是饥饿还是走动，我们都是模拟"狮子"的行为，因此，我们把这个方法称为狮子记忆法。狮子记忆法本质上是利用危机感让我们增强记忆力，所以可以推导出来，稍微寒冷的环境，比如冬天暖气不要开太热，夏天开空调时把温度调得略低一点等，也有利于我们提高学习效率。较高的温度不仅会减弱我们的危机感，还会影响脑部的血液循环。所以，让脑子变得清醒、让思考能力变强的办法之一就是降低温度。

当然，这里还需要我们注意的一点是，根据生物学对人类普遍作息规律的研究，人类思维最活跃的时间是睡觉前和醒来后的一小时内，在这些时间段，人脑中的杂念最少，也是最适合记忆的时间段。这就是"睡前醒后"记忆法，早上记忆能有效避免以前内容的干扰，睡觉前记忆也能避免以后内容的干扰。而中午的记忆力是最差的。

总结一下，这一节花了很大的篇幅给大家讲提高记忆力的方法，大家一定要练起来，真正有收获的方法是我们要在具体的学习场景中加以使用，否则光知道这个方法，不使用、不实践的话，就无法有"收获感"。

5. 有效刷题，建立"命题人思维"

我的学生问我："老师，考试前要不要刷题？我先把书看明白了，不做题行不行？如果要刷题的话，什么是正确的刷题（做什么题、做多少题等）？"也有家长和我探讨，他们十分反感刷题，他们担心孩子在学习时就只知道做题，这会扼杀孩子的好奇心和创造力。真的是这样吗？本节我就来和大家探讨一下刷题。

要不要刷题

很多人诟病题海战术，大部分题目是在不断地重复一些知识点。大量刷题导致的最突出问题就是，刷题的人会做的题一直会，不会的题还是搞不明白，陷入题海战术，把大好的青春都用在做题上，而不是去做有创造性、有意义的事情，泯灭了好奇心，成为刷题工具。

这样的题海战术确实要不得，盲目刷题有损学习的效率。但是，我认为**一定量的做题练习是非常有必要的**。

大量的认知心理学研究表明，如果没有充分的练习，我们不可能精通任何一门知识或者一种技能。就拿咱们熟悉的足球来说，如果你在带球的同时，还在思考射门的角度和速度，那么你一定不是一个出色的球员。像带球、射门这样的动作必须达到不假思索的状态，才能留出足够的时间去思考球场上的战术战略，判断场上形势等更为复杂的信息。

学习也是这样，如果不通过反复的练习形成肌肉记忆，不能自动地处理那些最基础的问题，那怎么在考场上去处理那些新的、复杂高级的问题呢？所以，不管你是要参加中考、高考，还是托福、GRE 等外语考试，都要以大量的练习为前提，充分的练习能让你的大脑形成肌肉记忆。

既然刷题是有必要的，那如何正确地刷题呢？

建立"命题人思维"

刷题最重要的一件事情就是：通过大量做题，揣摩命题人意图，掌握命题套路和做题技巧，建立"命题人思维"。

所谓命题人，就是出考试题的人。大家是不是觉得他们很厉害、权力很大，决定着一套题目的难度、方向、类型，掌握着你的命运？其实，并不尽然。越是大型的考试，要求就越规范，有着严格的命题标准，甚至连难度系数都是提前设定好的。命题人像是"戴着脚镣跳舞"，他们要在约束条件下，严格按照这些要求来命制题目，自己能发挥的空间并不大。

　　我就拿高考给大家举例子。每个学科的高考命题组，通常是由一些大学教授和教非毕业年级且经验丰富的高中老师组成的。高考试卷是命题组的专家坐在一起，花费大半年的时间，全封闭制作而成的。考卷上的绝大多数题目，都要在课程标准上找到对应的地方，而且题目的语言描述、问题援引方式、思考角度和规范解答步骤，都能在课本上找到出处，不能超出课程标准和教材的范围（当然，为了选拔，会有一定比例的综合性难题）。

　　因此，我们在做每一道题目的时候，要去想在考卷上的这道题目中，命题人到底想考你什么，这就是"命题人思维"，其实说白了，就是"换位思考"，咱也去体会一下命题人的不容易。在你做选择题，发现把两个选项排除后，剩下两个选项感觉模棱两可的时候；在你做数学大题，找不到突破口的时候；在你做文科材料大题，感觉无从下手的时候，请你认真分析题目，把自己想象成命题人，如果是你出题，你会想考学生什么知识点？这个知识点是不是主干知识点？你会从什么角度设问？为什么这么设问，考察了什么能力和素养？想清楚了这些问题，你就会有清晰的做题思路，就能快速地解决问题。

　　同学们会说："和老师，这个对我们要求太高了吧？我们又不是命题人，我们怎么知道他会怎么想？"确实，我们不可能见到命题人，也不可能去问命题人，那怎么才能建立"命题人思维"呢？

如何建立"命题人思维"

　　如何让自己建立"命题人思维"呢？面对同学们的困惑，我给大家一个法宝：**研究真题，从真题中寻找规律。**

　　为什么做真题？在前面我已经讲了，越是大型的考试，出的题目就越严谨规范。同时，为了保证考题的科学性，每次考试的题目都会和上几次考试的题目保持一定的连续性和稳定性，一般不会出现特别大的调整。所以，真题是非常重要的研究材料。

我们还是以高考为例。高考真题具有权威性，体现着高考的命题趋势；高考真题具有预测性，预示着高考的重点难点。那怎么研究高考题？我们可以把近五年的真题拿过来，里面基本涵盖了高考98%以上的知识点和考试信息，把所有的题目至少做三遍。

第一遍：严格按照高考规定的时间完成。先按照高考时间要求，完全模拟考试的真实氛围。比如高考语文是上午9：00—11：30进行，在训练时最好也能选择相同或接近的时间段，培养自己在该时间段内对指定科目的做题感觉，提高实战水平。答完之后，做好考后试卷分析，对错题分析错因，对难题归纳总结。

第二遍：把近五年的高考题按照相关专题，如数列、圆锥曲线等进行分类，通过专题训练，熟悉相关考点和出题套路。我们可以纵向比较不同题目设问方式，比较不同题目考查知识的侧重点和能力的要求点，思考命题人为什么这么出题，并对自己的想法进行批注，经常来回翻阅查看。

第三遍：重新做一遍高考真题。第三遍的做题时间与第一遍要相隔得久一些，比如一个月或者两个月之后。第三遍做题要对自己提出更高的要求，时间要更快、准确率要更高，但是，这不是要你背会标准答案，不动脑子往上填答案，而是每一步过程都要再次演练，让自己达成"肌肉记忆"。如果其中一道题目做错了，那必须认真总结和反省。

教了这么多年书，我发现所有考得好的学生都有研究真题的习惯。他们靠自己去分析，不放过题目中的任何一个条件、任何一个字，在题目中发现规律、寻找做题套路，这让他们对高考的考点、题型等都非常熟悉，具备了超强的"命题人思维"，从而成为特别厉害的"考试型选手"。

那同学们会困惑，近五年真题毕竟只有那么点，除了做真题，还要做模拟题吗？我觉得可以做一些，但不要盲目做。选模拟试卷时要选择正规出版社出版的，这样题目质量才有保障。这里我要提醒大家一点，模拟题毕竟不是真题，有些题目可能出得不是很科学、严谨，如果发现模拟题有问题，不必在上面花费太多时间深究。除了做题刷题，我建议同学们还可以这样利用模拟题：不去做题，跳出题目本身，专门分析这道题目的出题人想要考什么，这样一套套地练下去，就会逐渐建立条件反射、形成思考的习惯，慢慢具备"命题人思维"了。

通过这样的训练，同学们最后应该达到什么样的境界呢？那就是，看到任何一道题目，即使是自己没有见过的新题和难题，你也能揣测出命题人的意图，找到解题的突破口。当你做模拟题的时候，如果你发现某道题目出题逻辑不够严谨、答案不够规范，模拟题的质量不如真题的质量高。那么，恭喜你，你已经达到"见自己、见天地、见众生"的境地了，应对高考完全没问题了。我的很多考上清华北大的学生在高考前能达到这样的状态。所以，大家加油，一定要让自己具备"命题人思维"。

3

第三篇 │ 考试进行时

在这一篇，我将给大家介绍在考场上如何能有
更好的发挥。我会给大家详细列出考前的物质准备、
流程准备、身体准备和心理准备的清单；给大家介
绍从身体、思维和精神三个方面来分析，在考场上
保持最佳状态的铁三角模型，以及应对不同考试的
技巧和方法。

第五章　做好考前的准备

　　很多人在考试前会感到焦虑，担心考不好、记不住东西、紧张失眠等。没有人想要故意焦虑，然而刻意地告诉自己"不要焦虑"，其实没有什么用。那有什么办法可以让我们以良好的心态积极地去面对考试呢？这一章，我想给大家讲讲如何在考试前积极自信地做好准备工作，从物质准备到流程准备，从身体准备到心理准备，只有一切都准备就绪，才能让自己从容不迫地上考场。

1. 物质准备

　　同学们有没有发现，每年高考时都会有新闻报道某同学忘记带身份证或者准考证。很多同学在考试前会觉得有压力，在高压状态下，我们就可能会忘记做一些重要的事情。所以，除了在考试前留出足够的复习时间、安排好复习计划，我们还需把考试时要准备的物品在考前一天准备出来，并且列出注意事项。

对考试建立充分了解

　　我曾经遇到过一个学生，在一次重要的模拟考试中，他把答题卡涂错了，追悔莫及。怎么会涂错答题卡呢？因为他平时涂的答题卡1、2、3、4、5题是横着排列的，他习惯了涂完第1题，往后涂第2题。但是，考试中的答题卡是1、2、3、4、5竖着排列的，他没有注意到涂完第1题应该往下涂，所以几乎全都涂错了。幸好那次考试不是高考。

所以，我们在考试前，要对考试有充分了解，例如：了解考试的范围，明白考试涵盖的知识点；了解考试的时长，是一个半小时还是两个小时；了解考试的题型及数量，知道单项选择题、多项选择题、简答题、实验题分别有多少题；了解考试的分值占比，用每个题的分值来估算答题的得分点数量，用分数占比来分配每个题目所需的答题时间；提前熟悉答题卡，了解答题卡的填涂顺序和规则，不要涂串行，分清答题卡第 1、2、3、4、5 题的分布是横着排列还是竖着排列，看清题号再涂卡。

除了考试题目的信息，我们还要确认考试的日期和时间，提前打印好准考证，看清楚具体考试时间，考试当天比平时提前一些出发，给自己留出一定的时间用来处理突发和意外情况。我们还要做好考场踩点，一定要提前去看一下考点，有些学校的名字比较相似，比如北京中学和北京学校，看起来很像，却是不同的学校，千万别走错考场。同时，我们也要做好路线踩点，提前规划好出行的最佳路线。如果家离考场较远，那么建议提前几天看一下路况，以免堵车；或者可以在考场附近找个安静的酒店，订一间房间提前住下，保证考试当天不会迟到，不会影响考试。

准备好考试要用的物品

（1）证件类物品准备

① 准考证：准考证是进入考场的有效证件，一定要妥善保存。建议大家在拿到准考证后，马上复印一份，正反面都要复印，以备不时之需。

② 身份证：提前准备好二代身份证，考生须凭二代身份证参加

考试。如果身份证快过期了，最好提前办理一张新的身份证。

大家要注意，准考证和身份证是进入考场必需的有效证件。给大家讲一个我有一年监考时发生的事情，有个学生把身份证揣在校服兜里，考完第一场，他在掏其他东西的时候不小心把身份证也掏出来，掉在了地上。幸亏被熟悉的同学捡到并还给他，否则他参加下一场考试会很麻烦。不过，如果你在考试当天丢失身份证或准考证，也不要慌张，立即与监考老师沟通，学校和相关部门一般是有预案的，会做紧急处理。

（2）文具类物品准备

① 2B 铅笔或 2B 自动铅笔：我们涂答题卡是需要用到 2B 铅笔的，建议大家一定要去正规的店里买正规的 2B 铅笔或 2B 自动铅笔。如果用 2B 铅笔，请大家提前把铅笔削好，不要削得太尖，建议把涂卡的铅笔的笔头削成扁平形。

② 0.5 毫米黑色签字笔：除了涂卡，其他题目要用黑色签字笔来作答。建议大家多带几支备用，最好每考完一科及时更换笔芯。

③ 无封套橡皮：建议使用 4B 橡皮，涂改的时候擦得会比 2B 橡皮干净。

④ 尺子和三角尺：带刻度清晰的、透明的尺子，如果某些学科需要三角尺、圆规等用具，也需要带齐（有些用具能否带入考场要看具体说明）。

（3）选带物品

① 考试透明文件袋：将考试需要的证件、文具等都放到透明文件袋里，这样东西不容易丢，拿着也方便，可以很快找到需要的东西，而且监考老师检查考试物品也会比较方便，一目了然。

② 水：一定要带水，最好是温水。如果夏天考试，喝冰水有可

能会导致肚子不舒服。平时没有喝水习惯的同学也要带水，考试遇到卡壳时，喝口水，可以让自己放松。有一些同学在过度紧张的情况下也特别容易口渴。但是，还是要注意考场要求，如果不让把水带进考场（怕水不小心洒了，淋湿考卷），就把水放在考场外的走廊里。

③ 雨具：考生应在考试前两天注意天气预报，了解高考当天的天气情况，如果有雨，提前准备好雨具。如果天气炎热，建议带上遮阳伞或者遮阳帽，避免身体出汗过多造成考前不适。

总结一下本节给大家提到的考前检查清单，如下所示。

考前检查清单

1. 了解考试的范围，清楚考试涉及的知识点；
2. 了解考试的题型，知道单项选择题、多项选择题、简答题、实验题分别有多少道；
3. 了解考试的时长和分值占比，估算得分点；
4. 提前熟悉答题卡，了解答题卡的填涂顺序和规则；
5. 准备证件：准考证和身份证；
6. 准备文具类用品：2B铅笔、黑色签字笔、无封橡皮套、尺子和三角尺等；
7. 准备其他用品：考试透明文件袋、水、雨具等。

我给大家写出来的清单中的每一条内容，都是我在多年高考监考中总结出来的经验，有的甚至是某些同学用"惨痛的教训"换来的。**大家每次考试前一定要对照清单逐一地检查**。清单是最重要的、保证我们不犯错的方式。你也可以根据自己的需求往清单上添加内容。每次考前检查一下，不要带太多东西，删繁就简，轻装上阵才是最好状态。

2. 流程准备

熟悉考试流程的最重要的方法是模拟考试。模拟考试能让我们熟悉大考的整体流程，帮助我们学会控时，练习规范，缓解我们在考场上的压力和紧张。同时，由于模拟考试的题型、题目数量等与大考是类似的，这也能帮助我们适应大考的思维方式，对于我们取得高分有很大的帮助。下面，我们还是以高考为例，来给同学们讲一下，考前要做什么样的流程准备。

熟悉流程

模拟考试的流程与高考相似，通过模拟考试，可以降低高考的神秘感。一般来说，流程如下：进入考场前，我们要认真阅读考前须知，严格遵守考场要求。**拿到答题纸后，先写好名字和考号**，并核对自己的考号是不是填涂正确。**拿到卷子后，先不要答题，要先把题目浏览一遍，** 等铃声或哨声响起再作答。计划好每个题目的作答时间，具体的时间分配可以根据模拟考试所用的时间来推算。做题的时候，一定要**从会的题目开始做，不会的难题先跳过，** 不要恋战，不要在一道题目上花费太多时间。理科题目作答时一定要写清楚解题步骤，文科题目作答时要列好答题提纲。题目问什么就答什么，不要多答，多答也不一定有分。

练习控时

模拟考试的作用在于让我们掌握对试题的时间分配、答题速度、答题顺序和答题技巧等。我们知道，大考不仅仅是知识、能力的竞争，也是时间和速度的竞争，它要求我们在有限的时间内完成规定的题目，可以说，时间就等于成绩。所以，如何规划考场上的时间分配，选择题和非选择题分别要用多久，遇到难题是攻克还是先跳过，不同考生的时间分配是不一样的。所以，我们要借助模拟考试，落实控时，把整张卷子上会的题目分数全都拿到。

练习规范

　　规范是非常重要，但是经常被学生们忽略的事情。

　　对于选择题，我们要注意的是自己的涂卡是否准确，有没有不满格、超界、连涂、太轻、不均匀、涂成圆点、漏涂、涂错位的现象。在涂写答案卡时，一定要对准题号不错位，涂写不能太轻、太细，或涂写不均匀，黑度差别太大，更不能连涂、斜涂、偏涂等，这些都会失分。如果遇到不会的选择题怎么办？千万不要空着，蒙也要蒙个选项，这样你至少有 25% 的正确率，比空着强。一定不要涂错位，涂错位会一错百错，后果非常严重。

　　对于非选择题，我们要从方便评卷的角度出发，思考如何能给评卷老师留下良好的印象。**书写的答案要工整、规范、清楚，不写连笔字，尽量不要涂涂改改**，要把自己认为最重要的得分点摆在醒目的位置。要知道，评卷老师几秒钟评一张卷子，没有时间给你仔细找答案，所以写字工整是个加分项。

练习心态

　　高考的最佳心理状态是：保持适度紧张感、紧张中有乐观、压力下有自信、平静中有兴奋。我们要将每次模拟考试都当作高考对待，锻炼自己的心理适应能力，在高考中找到一种熟悉的感觉，这样能让我们在高考时沉着冷静，一丝不苟。

这里要提醒同学们注意的一点是，不要太在意模拟考试的成绩，也别觉得自己模拟考试考不好就一定考不上大学了。我有一个非常要好的朋友，他的一模成绩只有 480 多分，发挥失常，但是他的高考成绩就非常好，考上了北京大学。

下面给同学们列一个考试注意事项清单，考试前可以用来提醒一下自己。

考试注意事项清单

1. 认真阅读考前须知，严格遵守；
2. 拿到答题纸后，写好名字和考号，并核对无误；
3. 拿到卷子后，要先把题目浏览一遍，等铃声或哨声响起再作答；
4. 计划好每道题目的作答时间，具体的时间分配可以根据模拟考试所用的时间来推算；
5. 从会的题目开始做，不会的难题先跳过，不要恋战，不要在一道题目上花费太多时间；
6. 理科题目作答时一定要写清楚解题步骤，文科题目作答时要列好答题提纲；
7. 选择题填涂要注意规范，涂黑、涂满格，对准题号不错位；
8. 答题时要注意书写，不要潦草，不要写连笔字；
9. 最好不要提前离场，如果还有剩余时间，认真检查答题卡。

---

3. 身体准备

有一次，我的一个平时成绩很不错的学生来找我分析试卷，她那次考得不是很好。她说不知道自己怎么了，考场上状态很不好，脑子懵懵的，想什么都要反应好半天。因为生物考试安排在下午，我就问她，中午吃了什么。她说为了赶紧复习，就去旁边小店点了一大碗面条。我又问，中午有没有睡 10 分钟左右。她说，想着多看一会书，中午就没睡觉。

听完她的描述，我就知道她为什么考试时状态不好了。考试就像打仗，你必须把自己的状态调整到最佳才行。那些水平高、状态好的运动员都特别讲究吃饭、睡觉。斯坦福大学做过一个实验，要求运动员每天睡够 10 小时。坚持 5 周后，他们的投篮命中率提高了 9%，冲刺速度也更快了。所以，吃好、睡好、运动好能让我们的身体处于最佳状态，不仅能提升平时的学习效率，而且也能帮助我们在考试中超常发挥。下面，我将从饮食、睡眠、运动 3 个方面给大家介绍一下保证考前最佳状态的"精力罗马柱"模型。

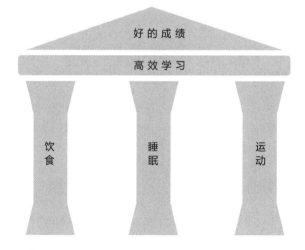

健康饮食

要想考好试，吃饭很重要。**考试前不要吃太多含糖的食物**，比如巧克力、高能饮料；**也不要吃太多的主食**，比如中午吃一大碗面条、米饭等。因为这些食物会导致我们体内的胰岛素剧烈波动，人会由于能量的突然供给感受到短暂的兴奋，但随后血液供给胃部，导致脑部血液供给不足。同时，高血糖会刺激胰岛素迅速分泌，引发色氨酸进入大脑，色氨酸可以合成褪黑素，会给我们带来困倦、疲惫等感觉，让我们考试的时候无法专注。

那考前应该怎么吃呢？我的建议是，和平常一样就行，不要太隆重，减少辛辣、油腻和生冷的食物（以防吃坏肚子），多吃高蛋白和蔬菜等缓慢释放能量的食物。另外，千万不要因为担心考试没吃饱能量供应不足，就吃太多、吃太饱。如果一顿饭吃得太饱，血糖容易大起大落，反而不利于考试。

好好睡觉

良好的睡眠对考试也十分重要。

我在《成为学习高手：清华博士的高效学习秘籍》中详细讲过睡眠的重要性，睡眠能帮助我们恢复能量、修复细胞间的组织、增加免疫力。睡眠时，大脑还会帮助我们处理白天产生的信息和情绪，帮助我们进行神经元之间的连接，增强记忆力。总之，睡觉太重要了。

所以，不要因为复习不完就熬夜看书，熬夜会导致我们的生物钟紊乱，考试的时候大脑可能反应不过来。过度劳累也会让我们在考试时犯低级错误而不自知。所以，**考试前一天晚上，一定要按照平时的规律按时上床睡觉，保证充足的睡眠。**

有同学会问："老师，我担心考试前失眠，怎么办？"我教你几个小技巧，你可以试试：

① 睡觉前 1 小时内不要学习，让神经系统从兴奋过渡到平静的状态；

② 睡觉前不要为了放松一下就去玩游戏、刷视频，手机的蓝光

会让我们更难以入睡；

③ 睡觉前，可以洗个热水澡或者用热水泡泡脚，这样可以让你放轻松；

④ 躺床上后，可以听一些有助于睡眠的轻音乐，同时，也可以做一些呼吸练习。

定期运动

运动对考试的帮助实在是太大了。有研究表明，考前进行 20 分钟中等强度的有氧运动（慢跑、快步走、骑自行车等）会让大脑处于比较良好的状态，可以提高我们的考场表现。我每天早上带着女儿跑 1000 米。跑完后，她在学校上课的时候就会有非常良好的状态。

我对学生有一个要求：找一项适合自己身体的体育运动，每天至少运动半小时。运动对我们有非常大的好处，运动时，血流速度加快，身体和大脑中供氧、供血、供糖量增加，大脑的新陈代谢加快，反应速度加快，记忆力增强；运动时，身体会分泌大量的激素，例如血清素、多巴胺、肾上腺激素等，这些激素有助于促进大脑兴奋，提高复习效率；另外，运动也让我们精神焕发。

有同学会说："老师，我考试本来就很累了，出了考场就不想再动了，怎么办？"其实，考试的累是"精神"上的累，而通过运动，你正好能让精神放松下来。不过，如果你平时没有运动的习惯，那么考试前也不必非要去做有氧运动，在阳光下走走路、散散步就行。否则，运动量太大，身体不适应了，会适得其反。

总结一下本小节的内容，**吃好、睡好、运动好是取得好成绩的前提，**在复习阶段有助于提升我们的学习效率，在考前有助于我们恢复精力、处于最好的"作战"状态。

4. 心理准备

同学们肯定都希望在考试中取得好成绩，所以，考试前产生紧张和焦虑情绪在所难免。适当的压力有一定的刺激作用，从某种程度上来说，对考试是有好处的。但是，如果压力太大，会让我们沉溺于负面情绪中，不仅耽误学习进度，而且长此以往会让我们产生一种对考试的厌恶情绪，这是不利于我们取得好成绩的。这一小节，我会给同学们讲讲如何在考试前调整自己的情绪。

压力的表现和症状

我在上学的时候，虽然自我感觉平时学得还不错，但考试前还是会紧张。这么多年过去了，我还清楚地记得，在高三的时候，我在一模考试之前连续三次的月考成绩都是班级第一，于是第四次考试前就一直担心自己考不到班级第一。由于压力过大，第四次考试果然没考好，只考了班级第八名。所以，考前要调整好心态，才能在考试中取得好成绩。

很多同学考试前会出现这样的表现：心跳过快、手心出汗、呼吸急促、手发抖、容易心烦意乱、精神不振、多愁善感、入睡困难甚至头疼。他们担心时间不够、复习不完；他们担心对知识点的复习不够全面，万一考到自己没复习到的知识点怎么办；他们觉得自己很笨，明明背过的东西还是想不起来；他们抱怨自己复习了很久，可是好像没有太多提升；他们认为别人肯定复习得比自己好；他们害怕失败，害怕考不好被同学看不起、被家长责骂……

我们要学会识别和处理考试压力。下图是给大家提供的一个压力水平测试图，我把压力指标定为 0 ~ 5 分，你可以自测一下，自己处于几分。如果你在考试前的压力值在压力预警线之上，那么说明，你考前承受了太大的压力，需要好好休息和调整。

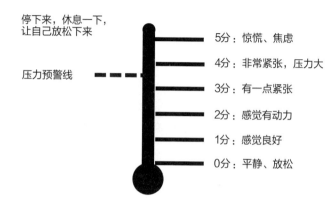

停下来，休息一下，
让自己放松下来

压力预警线

5分：惊慌、焦虑

4分：非常紧张，压力大

3分：有一点紧张

2分：感觉有动力

1分：感觉良好

0分：平静、放松

有压力其实是一件好事

威廉·詹姆斯说，对抗压力最厉害的武器就是，转变我们的想法。所以，应对压力的第一步就是，察觉压力、正视压力。所有人都会有压力，无论是成绩好的，还是成绩一般的同学，每个人担心的事情不一样，这是正常现象。没有人会主动选择焦虑。简单地告诉自己不要焦虑是没有用的，我们要对自己产生的这种情绪进行接纳和理解，这能有效地帮助我们缓解考试焦虑。

其实，有压力也是一件好事，我们了解一下压力的积极意义。从生物进化的角度来讲，压力对我们的生存其实有很大的好处。短期压力可以让我们的身体迅速做出应激反应。我们的祖先靠打猎和采集为生，如果遇到危险，生存压力可以让他们选择马上逃跑或者战斗。

同样地，短期压力对复习也是有积极作用的，它能让我们把适当的压力转化为动力，让我们快速行动起来。而且，压力也会给我们带来挑战，让我们集中注意力，抓紧时间复习，提高我们的反应速度和记忆能力。如果我们把自己调整到舒适区和焦虑区之间的学习区，那对于提高复习效率是有很大帮助的。

应对压力的方法

害怕失败的想法总是萦绕在我们脑海里挥之不去，给我们造成了巨大的压力。面对压力，有负面情绪是正常的。压力不会因为担心而消失，但我们可以通过改变自己的想法，通过自我暗示，利用一些方法来有效地缓解压力。下面，给大家列举一些考前应对压力的方法，如表 7 所示。

表 7　考前应对压力的方法

压力反应	应对方法
担心失败	我已经复习了很多遍、很全面了，做好了充分的准备，这次肯定也能像上次一样，正常发挥就可以啦
担心没有足够的时间复习	我已经尽力了，制订了详细的复习时间表，规划了复习的优先级，在考试前肯定能按照计划把所有的内容都复习完
担心考试时忘记某些细节	我已经掌握了大部分的内容，没有复习到位的可能只有一少部分，但重点、难点都掌握了，这样能保证我把大部分的分数拿到，这是可以接受的。不要对自己求全责备
认为自己很笨，记过的东西总是想不起来	记忆要不断反复，忘记背过的东西很正常，我再回顾一下，好好利用老师教的高效记忆法，多重复几遍，肯定能记住
复习了很久，感觉没有提升	这是高原效应，黎明前的黑暗最难熬，我要坚持下去，只要采用正确的方法，相信自己能取得好的成绩

续表

压力反应	应对方法
过度焦虑，导致没法集中注意力学习	压力大会导致过多的皮质醇产生，扰乱激素平衡，那我先停下来，去运动一下，散散步、游游泳、跑跑步等，运动产生的多巴胺会帮我对冲皮质醇，把注意力放在该做的事情上。我也可以冥想一会儿、小睡一会儿或者听听音乐，通过休息缓解压力

在这一节里，我和大家聊了一下考前应对压力的方法。在下一章中，我还会教给大家在考场上应对压力的方法。要学会：在压力控制你之前，学会控制压力。因此，你要关注自己的精神状态，不要被负面情绪所包裹。如果思绪不小心又滑向担心和焦虑，你可以试一下上面的应对方法，通过积极的暗示来告诉自己"我能做到""我没问题"，相信你可以更好地调整心态，迎接考试。

第六章　在考场上保持最佳状态的方法

考前复习完、准备好后，我们就该上考场了。但是很多同学会发现，自己考试时总是考不出平时的水平，学得好却考不好是什么原因呢？有什么方法能让自己在考场上具有良好的状态，考出该有的成绩吗？在本章中，我会给大家介绍耶克斯－多德森曲线，解释考场表现与压力之间的关系，介绍取得高分的铁三角模型，并且从身体、思维和精神三个层面提供一些在考场上缓解情绪、让自己自信和专注的方法。

1. 学得好却考不好的原因

在平时的教学过程中，我发现一个令人奇怪的事情：有些学生明明平时学得挺好的，但是，考试的时候总是考不好，只能发挥出自己平时学到的 80% 水平。这到底是什么原因呢？

耶克斯－多德森曲线

压力水平影响考试表现。考试的时候，我们在考场上的内心感受和保持踏实专注的能力在很大程度上决定了考试成绩。压力与表现之间的关系在心理学领域得到了广泛且充分的研究，"耶克斯－多德森"曲线很清楚地反映了压力与表现之间的关系，见下页图。

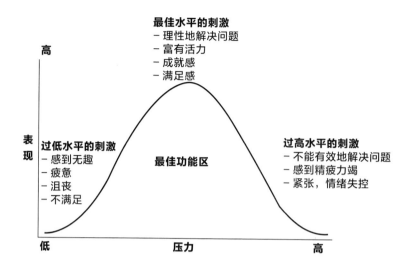

每个人都有自己的应对压力反应的最佳功能区。在最佳功能区内，我们的压力水平处于合适的状态：身体的肾上腺素适度产生，既不会太紧张又不会无精打采；大脑的注意力集中，我们处于"心流状态"，大脑从高 β 波活动（正常、清醒的意识）转移到较慢的 α / θ 波边缘，使得体内产生去甲肾上腺素、多巴胺、内啡肽、血清素等让人愉悦的激素。

在心流状态下，我们能表现出较好的创造力和活力，能够比较冷静理性地解决问题，充满成就感和满足感。这一现象在运动员中体现得尤为明显。运动员需要将自己的压力调整到适度的水平来为自己提供能量。在我的班级里，有一个同学，她从小练习乒乓球，经常打比赛，练就了在竞技场上有效调整状态的本领，每次大考都能超常发挥，学到 80 分水平，能考到 95 分的水平。

如果考试过难，我们感觉压力过大，大脑就会离开最佳功能区，这使得我们无法保持专注并且觉得很紧张。有时候，过于焦虑甚至会导致我们精疲力竭、暴躁易怒，难以控制情绪，让我们的成绩一落千丈。如果考试太简单，考起来毫无压力，我们会感到无趣、提不起精神、疲惫、沮丧、得不到满足。过于简单的考试不仅起不到检测学习效果的目的，也会导致学生在考试中发挥不出最佳水平。

平时要努力，临考调预期

你从耶克斯–多德森曲线中得到了什么启发？

第一个启发是：平时一定要努力啊！

大部分人不是专业的比赛选手，没有太多参加考试的经验，学到 100 分、考到 80 分是很自然的现象。功夫在平时，如果大家的分数在考试中都会打一个折扣的话，那我们平时需要努力到什么程度才行呢？我帮大家做了一个计算：为了能考到 90 分，我们至少要学到 115 分左右才行。这意味着，我们要想在考试中取得好成绩，那平时学习内容的广度、深度、难度可能就要高于正常水平的15%。这一点是不是让你很受触动？

第二个启发是：管理好自己的预期。

学习的目的是掌握知识，而不是为了对付考试，但是到了考前，再试图花时间学习已经来不及了。如果有些知识我们花了三年也没有学明白，就不要指望高考前几天学明白了。所以，考试前几天，我建议大家不要再学习新的内容或者复习那些自己掌握不了的内容了，对自己形成正确的评估，调整好预期，放平心态，不要指望奇迹出现。如果平时分是 80 分，那么对考试分数的正确预估就应该是65 分左右。

有同学说："和老师，我有时考 70 多分，有时考接近 90 分，那怎么评估我的日常分数表现呢？"其实，把每次考试的分数加起来做平均是不合理的。因为不同科目、不同时间的考试的难度系数不同。正确的评估方法是：你应该用你的相对排名进行计算，或者用自己的分数除以这次考试的难度系数（老师那里有全年级的难度系数值），或者用自己的分数除以年级最高分，这样的比较才有意义。

其次，即使你某次真的进步了很多（如果没有自己突然开窍等其他变量存在），也千万别对这种偶然的超水平发挥抱太大希望。从我过去几十年见到的高考情况来看，除了个别的特例，大部分人原来是什么水平，最后还是什么水平，不会偏离到哪里去。倒是有不少平时 80 分水平的人高考考了 65 ~ 70 分。这个在经济学上叫作**回归均值理论**。就是说，我们的成绩总是趋于一个平均水平（当然，努力学习可以提升平均值），在这个平均水平上下波动。

第三个启发是：争取让自己在考场上保持最佳发挥状态。

有没有一种方法，能让自己在考场上把自己所学的水平全部都发挥出来呢？如果我们是 80 分的水平，能不能让自己就考到 80 分呢？下一小节中，我就给大家讲一下取得高分的铁三角模型。

2. 取得高分的必要条件：铁三角模型

作为一个经常监考的老师，我在考场上除了要完成下发试卷、监考等工作，做的最多的事情就是观察学生的考场表现。现在我把观察到的几个比较典型的学生考场表现列出来，你可以推断一下，哪位同学的考场发挥最好。

同学 A：考试前依旧在翻书，老师吹哨声响起，他才走入教室。发下试卷后，他眉头紧蹙、身体紧绷，嘴一直咬着笔，一会儿看一下窗外，一会儿发出长长的"唉"的一声。

同学B：进入考场，调整了一下座椅，闭上眼睛，深呼吸了几下。等老师发下卷子后，迅速扫了几眼试卷。开考后，马上开始答题，当我走过他身边，他没有丝毫反应，全神贯注地写着自己的答案。

取得高分的铁三角模型

相信大家都能选出正确的答案，同学B拥有良好的考场表现，一定能考出好成绩。

而同学A，我认为他压力有点大。我们可以把他的压力反应进行拆解，分为思维、身体和精神三个层面。他考试前依旧在翻书，希望临时抱佛脚，考前看一眼就能看到考点，这是思维层面紧张的表现，说明他对自己不够自信。他眉头紧蹙、身体紧绷，嘴一直咬着笔，这是身体层面紧张的表现。他一会儿看一下窗外，一会儿发出长长的"唉"的一声，说明考试的过程中不够专注，这是精神层面紧张的表现。

要想在考试中有最好的发挥，我们的身体、思维和精神都必须成为一个通力合作的整体，我把它总结为一个铁三角模型。身体，是为我们提供能量的保障，如果身体的各项机能停止运转，那好的成绩根本无从谈起。思维，在这里主要指我们如何对自己作出正确的评价，是积极的评价还是消极的评价，这会影响我们的内在反馈。精神，在这里主要指的是专注度、目标和价值感，如果压力使我们坐立不安，那我们根本不会有精力去关注考试中的题目，考试分心会让我们的成绩一落千丈。

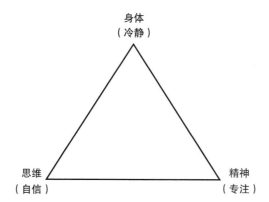

身体、思维、精神三者必须平衡，否则，铁三角就不稳固，我们的考场表现就会不理想。如果把身体、思维、精神这三者比喻成我们可以调遣的团队成员，在考试时，团队中的每一个成员都要冲锋陷阵、共同配合、积极作战，这样才能保证我们最大限度地发挥自己的潜力。如果它们中有任何一个掉链子，那么，我们的考场发挥就会受到影响。

BPI 考场表现量表

本·伯恩斯坦博士是一位著名的心理学家，他根据学生在考试前和考场上的不同表现，编写了一个 BPI 考场表现量表，让学生诊断自已的压力情况。我把这个表现量表推荐给大家，同学们可以根据自己的监测结果，评估一下自己在身体、思维和精神上的压力表现。

同学们在做这个 BPI 考场表现量表的时候，注意要回顾你最近一次考试中的细节，回忆得越清楚越好，比如考试中发生了哪些事情？你自己的感受是什么？你当时怎么处理的？你有什么补救措施？下面，我们就进入测试环节，测试量表如表 8 所示。

表 8　BPI 考场表现量表

考场表现	完全不符合	有点符合	比较符合	非常符合
1. 考试前，我平静且适度紧张	0	1	2	3
2. 考试前，我对自己充满信心	0	1	2	3
3. 考试前，我能集中注意力复习功课	0	1	2	3
4. 考试时，我保持平静、不慌张	0	1	2	3
5. 考试时，我始终保持自信	0	1	2	3
6. 考试时，我始终保持专注	0	1	2	3
7. 在感觉紧张时，我知道如何放松	0	1	2	3
8. 在感到灰心时，我有能力重拾自信	0	1	2	3
9. 在感到分心时，我有办法重回专注	0	1	2	3

注：计算你的 BPI 得分：身体——平静：第 1、4、7 项的得分总和；思维——自信：第 2、5、8 项的得分总和；精神——专注：第 3、6、9 项的得分总和。

　　大家可以自测一下，测完后，比较一下身体、思维和精神三个维度的得分分别是多少。每个项目的最高分是 9 分，不同人的得分是不一样的。这个测试不仅可以让我们知道要取得考场最佳表现，每一个维度都需要达到满分；而且，还可以量化我们每个维度的指标，让我们知道哪个是强项，需要发扬；哪个是弱项，需要弥补。

　　那对于弱项，我们应该如何去做，才能克服紧张焦虑的情绪、缓解考场上的压力呢？在下文中，我会分别从身体、思维和精神上给大家介绍一下在考场上能保持最佳状态的几个工具。

3. 让身体平静的方法

　　讲到身体，我要破除大家一个错误的认知：很多同学认为只有自己的大脑参加了考试，但事实上，**参加考试的是你的整个身体。**

在考场上，我们要把身体的每一部分都调动起来，与大脑共同配合，全身心地投入考试，才能在考试中发挥出最佳水平。

身体如何应对压力

从神经生物学角度来看，脊椎动物面对压力，会激活**"交感神经系统"**，它让身体产生应激反应，做好战斗的准备。例如，狮子追羚羊，羚羊被狮子追，它们的**交感神经系统**都在全力以赴地工作。但交感神经系统并不会一直运作，而只在危急时刻迅速开启，随着追捕和逃跑的结束，交感神经系统会迅速关闭。我们的副交感神经系统会让身体平静下来，因此，我们并不会时时刻刻都处于压力的状态。如果长期处于压力下，人的免疫系统就会失调，人是会生病的。

从内分泌的角度看，人们处于高压状态时，体内的肾上腺素、糖皮质激素都会大量产生，分泌到血液中进行运输，导致血压升高，整个身体都进入了警觉状态，仿佛有一只狮子马上要扑向你。所以，当我们和试卷上的题目"面面相觑"的时候，我们发现自己身体紧绷，甚至肌肉发抖，根本无法进入状态，有一种想逃离考场的冲动。但是，这个时候我们只能硬着头皮继续答题。在这种情况下，怎么能考出好成绩呢？

身体不够平静的表现

我列了一些在考场上身体不够平静的表现，大家可以对照一下，下述表现你是不是也曾经有过：

✓ 我感觉头疼；
✓ 我感觉胸闷；

- ✓ 我感觉呼吸困难；
- ✓ 我感觉喘不上气，呼吸很浅；
- ✓ 我屏住了呼吸；
- ✓ 我握紧了拳头；
- ✓ 我手心和脚在出汗；
- ✓ 我使劲蜷缩我的脚趾；
- ✓ 我心跳加速；
- ✓ 我的腿忍不住发抖；

………

上面提到的这些表现，并不是所有的都会有，有些同学会出现其中的一项或者几项。其中，最明显的表现就是呼吸。我们在压力大时，通常会屏住呼吸，而屏住呼吸，会让全身氧气含量下降，其实这又进一步导致压力增大。同时，人在紧张的时候，还会排出比平时更多的二氧化碳，这会影响血液和身体功能，从而给我们带来更多的焦虑。

另外，呼吸还与我们在考试中能否清晰地思考相关，如果我们的呼吸暂时中断或者失去了规律，那么我们的思维可能会陷入无序。只有当呼吸是平稳且有规律的时候，我们的大脑才能清晰地分析题目，才能游刃有余地解决难题。

所以，我将会从如何调整呼吸开始，教给大家在考场上缓解压力的方法。

让身体平静的三个工具

有一次，我在给学生分享如何呼吸之前，有同学问我："老师，我天天都在呼吸，难道我还不会呼吸？"其实，呼吸大有讲究，我在练瑜伽的时候，瑜伽老师告诉我，最重要的就是先把呼吸练好，腹式呼吸、胸式呼吸、混合呼吸都是有不同方法的。所以，我给同学们分享的第一个工具就是呼吸放松法。

（1）工具 1：呼吸放松法

当你在考场上开始焦虑的时候，在还没发答题纸和试卷前，用三分钟的时间，闭上眼睛，慢慢地呼吸，集中所有的注意力去呼吸，这能帮助你缓解焦虑。我给大家拆解一下呼吸放松法的具体步骤，你可以试着做。

① 将一只手放在胸部，另一只手放在腹部。

② 吸气，默数 7 个数，放在腹部的手要感觉到空气进入身体后，腹部在慢慢鼓起。

③ 呼气，默数 11 个数，注意：放在腹部的手又慢慢收回去了。

④ 将这个过程持续至少 3 分钟。

注意，在整个过程中呼气的时间要比吸气的时间长，这样才能让身体从交感神经系统（压力状态）逐渐过渡到副交感神经系统（放松和平静状态），而且一定要把注意力集中在呼吸上，让大脑不去想别的事情，获得充足氧气的大脑很快就能平静下来开始正常工作了。这种方法是我推荐的考场放松的第一个方法，因为它最简单、最有效。我在高考前给学生做心理辅导的时候，都会教他们这个方法。

（2）工具 2：敲击法

敲击法是指用一根或者两根手指轻轻地敲打自己身体的某些部位，一边敲打一边默默地说出自己的焦虑情绪。敲击有效地释放了压力背后的能量，从而有效地缓解焦虑的情绪，帮助我们平静下来。

敲击的顺序是：手的侧面—头顶—眉头—眼睛侧面—眼睛下方—鼻子下方—嘴唇下方—锁骨下方—食指的甲床。

（3）工具3：蝴蝶拍

在应激时，我们可用蝴蝶拍来平复心情，它能增加我们的安全感和积极感受。蝴蝶拍的基本操作流程如下：双臂在胸前交叉，双手轮流轻拍自己的臂膀，速度要慢，左一下、右一下为一轮，4～6轮为一组。停下来，深吸一口气，感觉如何？如果感觉好了一些，可以继续下一组蝴蝶拍。在进行蝴蝶拍的时候速度要慢，就好像孩提时期母亲安慰孩子一样，轻而缓慢。通过这个动作，我们可以增加安全感，从而平稳心绪。

总结一下本节，参加考试的不仅仅是大脑，还有我们的身体。身体的状态反映了我们的紧张程度，我们要时刻**观察自己的身体状态，并采用适当的方法调整**。我给了大家三个工具，分别是呼吸放松法、敲击法和蝴蝶拍，大家如果在考场上遇到了紧张、压力大的情况，可以试试这几种方法。

4. 让思维自信的方法

我有一个学生叫嘉宝，她上初中时成绩挺好的，是个很优秀的女孩子。但是，到了高中，她感觉周围强手如林，第一次考试的时候特别紧张，身体都是哆哆嗦嗦的，结果那次她没有考好。从此以后，她就特别害怕考试，每次一提到考试，她就总觉得自己肯定考不好，到后来，一到考试周就和家长老师提出拒绝参加考试。嘉宝是一个典型的缺乏自信的孩子，每次想到她，我就很心疼。高中三年，我陪她一起度过了最难熬的那段时光，最后帮助她走出来了，考入了北京电影学院。所以这一节，我想和大家聊聊在考场上树立自信的一些方法，给同学们一些可以拿来就用的小工具。

自我实现的预言

我在《成为学习高手：清华博士的高效学习秘籍》中提到过一个实验，美国心理学家罗森塔尔及其同事把一群智力相同的小学生随机分成两个组，并且告诉他们其中一个组属于"高智商"人群。结果，这些被认为是"高智商"的学生在未来的成绩表现确实比另外一组学生更好。这个实验被称为"罗森塔尔效应"。

罗森塔尔效应其实说明了一个问题：如果我们相信自己比别人强，相信自己在未来一定能取得成功，那么我们取得成功的可能性是更高的。这在心理学上被称为"自我实现的预言"，就是说，人们先入为主的判断，无论其正确与否，都将或多或少地影响人们的行为，以至于这个判断最后真的能实现。

因此，我们要对自己抱有强烈的信念，相信自己一定能取得好成绩。有个心理学实验，研究者找来一些得肥胖症的女士参加一个综合减肥计划。一开始，他们先让这些女士说说自己的期望值，实验结束后发现，那些相信自己能减肥成功的女士，比觉得自己会失败的女士平均多减掉 26 磅，也就是将近 12 公斤。这个实验说明，用乐观的态度看待目标，相信自己能取得好成绩，那么我们取得好成绩的可能性就会提高。

思维不自信的表现

和上一节一样，我给大家列一下思维不自信的表现，大家可以对照一下，看自己有没有这样的情况：

- 对自己心存怀疑，比如，我能考好吗？我上次就忘记了某个知识点，这次再忘记怎么办；
- 认为自己不够好，比如，我觉得自己就是不如 XXX，我觉得自己好笨，我就不是学习的料；
- 担心不好的事情再次发生，比如，我上次就没考好，这次会不会还考不好；
- 害怕被家长或老师批评，比如，你怎么又考这么差回来，你辜负了我们的培养；
- 想象未来一团糟糕，比如，按照这种情况，我肯定考不上好的大学；

    ....

这些想法可能是来源于过去自己没有考好的消极回忆：可能是因为忘记所学知识而产生的不安，可能是对没考好的后果的恐惧，还可能是因别人对我们做出的不好评价而感到担心。"我不行……" "我不是……"等，这些都代表我们的消极观念，我们会被牢牢地束缚其中。

而且，这些消极观念还会形成一种恶性循环：你告诉自己不够优秀，所以考试不可能考好，因此考试真的没有考好；这一结果又进一步让你认为自己不够优秀。如果我们一直保持这种消极的态度，那又如何能让自己超常发挥呢？

让思维自信的工具

为了打破这种恶性循环，我给大家提供三个工具，让大家在考场上充满自信。

（1）工具 1：考前在镜子前对自己微笑

进入考场前，可以找面镜子（通常卫生间会有），对着镜子里的自己微笑，这样能让自己充满信心，拥有良好心情。笔直站在镜子面前，就像"立正"那样，对着自己微笑。注意要抬头挺胸，看到自己积极乐观的形象。然后，看着自己的眼睛，默默地告诉自己"你看上去真棒"，或者想几件开心的事情，体会与心灵对话的美好感觉。这样可以让自己信心满满地进入考场。

（2）工具2：与自己对话，给自己积极的反馈

当我们在考场上遇到自己不会的题目的时候，可以通过与自己对话的方式来缓解自己的消极情绪。语言对情绪有极大的暗示和调整作用。你可以对自己说，先跳过这道题目，一会儿再回来做，肯定能做出来；或者可以对自己说，不要慌张，再仔细审审题，细节都在题目中，认真审题就能得到线索；还可以对自己说，这道题我不会，其他同学也不一定会，大家看的不是绝对分数，而是相对排名，不用紧张。

（3）工具3：去除"消极入侵者"

当我们在考场上出现一系列思维不够自信的表现时，除了给自己积极的反馈，还可以用一些方法把"消极入侵者"去除。想象你拿了一把铁锹，一下子就把消极情绪全都铲走了；想象你开着大大的水龙头，大水一下子把这些消极情绪冲走了；想象你拿着一个扫帚，把那些消极情绪当垃圾一样清除出去了。通过这样在大脑中具象化的场景演练，消极情绪真的就会离我们远去了。

总结一下本节，当我们在考场上不够自信、总是自我否定、做题不顺手的时候，不要慌张，想想我们讲过的自我实现的预言，**考试前对自己微笑一下，给自己积极的反馈**，利用想象把消极的情绪用各种有力的工具清除出大脑。同学们，自信满满地进入考场吧！

5. 让精神专注的方法

有些同学在考试后会和我抱怨说："老师，我旁边的一个同学，一直在擤鼻涕，干扰我考试。"还有同学会说："我听到同学们写字唰唰的声音，抬头看到同学们都在全神贯注地答题，我就有点慌，感觉他们都会做，可是我却做不出来，心里很烦躁。"

同学们，你有没有遇到过类似的情况？如果你在考场上出现这种情况，说明你没有完全投入考试中。你在分心，而分心一定会导致我们考不出最佳的成绩。所以，这一节，我想给大家讲一下让精神专注的方法。

进入专注模式能够提升成绩

你肯定有过这样的经历，考试的时候，觉得时间过得特别快，数学考试明明要一个半小时，结果感觉一眨眼，这一个半小时就过去了。这说明你进入了专注模式，这种模式，我们在前面也谈过，叫作"心流状态"。

人在放松的时候，大脑处在 α 波，而人在轻度睡眠的状态时，大脑会释放低频和缓的 θ 波。而心流状态就是人恰好处于 α 波跟 θ 波的边缘，是创造力最强的时刻。美国有个女记者莎莉，专门做了一个测试实验：第一次，在平常状态下，她走进一个四面全是屏幕的房间，屏幕中会出现歹徒。刚开始由于歹徒人数很少，她没觉得太困难，可以轻松完成任务。当爆炸声响起，10 多个歹徒同时向她"冲"了过来，她一下子就慌了。加上她做测试的前一天晚上没有休息好，令她的情绪更加崩溃，她完全来不及击杀虚拟的歹徒，此时的射击准确率只有 6%。

但是，在她走出房间后，研究人员给她接上了脑机接口的设备，刺激她的大脑进入了心流状态。当莎莉再次进入房间时，她突然变成了冷静、娴熟的狙击手，不费吹灰之力，迅速解决了所有敌人，实验结束。这时，她认为实验才开始3分钟；科研人员告诉她，其实已经过去20分钟了，这次实验的射击准确率是100%。

所以，当注意力特别集中的时候，我们感受到的是大脑的平静，意识不到时间的流逝，能非常清醒地专注于自己要做的事情上，做事情得心应手。进入专注模式，在心流状态下，有助于提高考场表现、提升成绩。

精神不专注的表现

分心是考试时最大的敌人，下面，我列举一些考场精神不专注的表现，你看自己是否曾经遇到过：

- 考试中，抬头望向窗外，有一只鸟儿停在了树上；
- 听到周围同学写字唰唰的声音，觉得很紧张；
- 听到考场中钟表嘀嘀嗒嗒的声音，觉得时间在一分一秒流逝；
- 做一道题看一下表，看看还剩多少时间，再估计一下留给后面题目的时间还够不够；
- 感觉自己坐的桌子和椅子有点晃动，总是不稳；
- 考场的空调开得太大，发出嗡嗡的声音；
- 坐在旁边的同学很快就做完了试卷正面的题目，自己才做到一半；
- 旁边的同学一直咳嗽，影响自己做题；
- …………

考试中发出声音的空调、翻卷子的同学、晃动的桌椅等，很多同学认为，这些是导致他们分心的原因。事实真的是这样吗？**分心的根本原因不是外在环境干扰，而是我们的心没有安住当下，是自己没有静下来，没有专注于考试本身**。所以，我们要做的不是告诉监考老师关掉空调、阻止其他同学翻动卷子等，而是管理好自己的心。

在考试中分心，会让我们思维涣散，导致我们无法思考，从而无法专注于解决复杂的问题。同时，考试中分心的另外一个后果是浪费时间。而且，一旦我们察觉到时间的流逝，自然会产生焦虑情绪，而焦虑情绪又将进一步导致我们难以专注于试卷上的考题。这使得我们一直无法进入最佳状态，自然无法拿到高分了。

让精神专注的工具

关于心流状态，我自己也有类似的体验。在小学的一次奥林匹克数学竞赛中，明明有几道题目放在平时我并不会做。但是，当时不知道为什么，在考场上灵光一闪，我居然把那几道题目都做出来了。我小时候一直对这件事情感到很不解，和其他人说，大家也并不相信。长大后，我才明白，那就是心流状态。尽管心流状态非常有助于学习和工作，但找到它的入口并不容易，它并不会经常出现。不过，我们平时可以通过练习去加强精神的专注度，增加进入心流状态的概率。下面，我给大家介绍几个小工具，大家可以在平常练习一下。

（1）工具1：冥想

冥想能帮助我们进入心流状态。我们可以在脑海中想象有一个宁静、舒适的地方，比如某次去过的一个度假胜地，或者任何一个自己喜欢的地方；也可以直接想象一个只属于自己的安静空间，比如一片林间空地，想象那里的颜色、气味和声音，想象你舒服地坐在或者躺在那里。在那里，不再有考试，你不再焦虑，能尽情地放松、享受。冥想 15 分钟，可以让我们成为情绪的主人，让我们能更好地运用自我意识，训练大脑去发现自身的思想，从而进入心流状态。很多瑜伽资深训练者，会通过冥想术让自己专注当下，从而达到心流状态。

（2）工具 2：关抽屉

拿破仑每天要处理很多事务，他有一种强大的自我情绪管理方式。他曾说，"我的脑子就像个有很多抽屉的小柜子，安放着各种事务和问题。在我想打断一个思绪的时候，我就关上一个抽屉再打开另一个。该睡觉了？我只要关上所有的抽屉，就睡着了。"大家不要小看关抽屉，这是一种特别了不起的能力。它告诉我们，重要的不是自己能打开下一个抽屉，而是能够彻底关上上一个抽屉，让事务和事务之间、情绪和情绪之间，互不影响。我们可以想象自己的大脑也有抽屉，考试前，把所有的思虑都放在一个抽屉里；考试中，遇到问题，先把问题也放在抽屉里，专注于考试本身，这样能提升我们的注意力。

（3）工具 3：咖啡、水和小睡

如果是上午场的考试，建议大家可以适当地喝一点咖啡。摄入适量的咖啡因，可以让我们更集中精力，并且有更好的短期记忆。但是一定要注意，摄入过量的咖啡因会让专注力效果开始减弱，注意力下降，焦虑增加，所以喝咖啡一定要适量。

如果是下午场的考试，建议大家中午一定要小睡一会儿，10 ~ 20 分钟即可。吃过午餐后，大量的血液会流入胃肠道以促进消化运转，而大脑会出现暂时的供血不足，所以我们会产生困意。小睡一会儿，可以帮助我们消除疲劳，后续以更高的效率投入工作中。同时，考试中还要适量地饮水，喝水不仅能够缓解压力，而且能提升我们的专注力。所以，记得考前一定要准备好温水。不过，也不要喝太多，否则考试的时候上厕所也会影响考试状态。

　　另外，我还建议大家，可以从小就参加一种竞技类的体育竞赛。体育运动不仅可以锻炼身体，还可以锻炼我们的心理素质，很多教练把它叫作"练练胆"。事实上，心理素质的锻炼不是一蹴而就的，而是需要长期锻炼的。参加竞技类的比赛，可以有效提高应对比赛过程中复杂问题的能力，提高快速调整竞技状态的能力。遇事不慌，沉着应对，这对于考试时心态的调节也是非常有帮助的。

　　总结一下本节，精神专注可以帮助我们提升成绩，而考试中的分心会使我们思维涣散、无法静下心来思考复杂的问题，无法取得好成绩。我们可以通过"冥想"、"关抽屉"、喝适量的咖啡、饮水和小睡来恢复精力，提升专注力，同学们在平时也要多训练自己，这样在考场上才能实现对自己精神专注度的有效调控。

第七章 不同考试中的技巧和方法

在考试中，考生、命题人和评卷人三者构成了一个非常有意思的三角关系。命题人出题的目的不是让考生答不出题目，而是给考生一次展示知识掌握情况的机会。**命题人希望考生取得好成绩。**评卷人根据评分标准给考生打出成绩，也知道考生每取得一分都不容易，更不会轻易扣分。

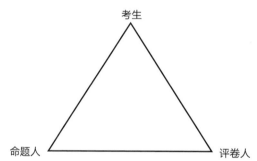

在这个三角关系中，命题人和评卷人通常不是同一批人。就拿高考来说，命题人是考试院的人，而评卷人是从各个学校抽调的老师。评卷人会在评卷的前几天见面，共同讨论一些问题。所以作为考生，夹在命题人和评卷人中间，我们不仅要学会**揣摩命题人的意图**，根据命题人出的题目，把题目做出来；还要学会**"取悦"**评卷人，把握评卷人的评分标准，写出好的解答，尽最大可能地拿到高分。

总结起来，**我们要想拿到高分，需要做到两点：一是，建立"命题人思维"；二是，建立"评卷人思维"，掌握考试的得分技巧。**

如何建立"命题人思维"在前文给大家讲过了。这一章，我就重点给同学们讲一下在不同考试中的得分技巧和方法。

1. 考试得高分的答题技巧

有些同学认为，原来是有卷面分（5分）的，现在取消了卷面分，所以就不用在乎卷面是否干净，只要答案正确，就一定可以拿高分。还有些同学认为，我们需要把试卷上的每道题都答出来，才能得高分。可是，事实真的是这样吗？这一节，我就给大家解答一下这些问题。

卷面、卷面，还是卷面

事实上，**卷面是否干净是非常重要的得分项**。当然，评卷的时候，老师们是以标准答案为主的，如果仅仅是字写得好看，答案不对，也是没有分数的。但是，评卷老师主要是改主观题，评卷压力大，而且很多题是看几秒就直接给出分数。假如字迹潦草，老师看不清字迹的话，那只能将其按照错误的答案来判，这样分数自然就高不了。那怎么才能抓住卷面呢？我建议大家注意三点。

写好笔画，字迹工整。从小学开始，语文老师是不是就一直给同学们强调要练字？练字真的很重要，建议同学们选择楷书字帖，因为楷书看起来相对比较工整，它是老师使用电脑评卷的时候比较喜欢的字体。如果你没有练过书法，那也没有关系，力求把字写得工整、大方，整个卷面做到干净、整洁就可以了。

规划卷面布局，突出关键词语。拿到答题卡，先用3～5秒规划一下卷面布局，再从容不迫地去答题。有一些同学，还没想好怎么布局便匆忙答题，以至于格式没安排好，超出了该题预留的答题区域。**电脑评卷时，超出规定区域的答案无效，请注意：一定要在**

规定的答题区域内进行答题。所以，答题的时候，想好了再动笔，先答什么，后答什么，突出关键词，规划好答案的整体布局，避免出现书写完之后又补充答案的现象。

序号标注，条理清晰。不少考生在答一道大题时，没有层次，一口气写了一大段，让评卷老师很难查到知识点。对于一道需要答出很多得分点的大题，考生作答时要尽可能做到答案的层次分明，这样才能让评卷老师感觉到该考生思路清晰，可以给其高分。所以，在答题过程中要学会用一些数字序号，比如：①、②、③，这样能使我们的答案更清晰有序。

保住简单题，争取中档题，策略性放弃难题

任何一套试卷中的题目都会分三档：简单题、中档题和难题。

首先，我们**要保住简单题，确保简单题全对**。每套试卷都有很多送分的简单题，对于不同水平的同学，简单题的数量会有差别。对学霸来讲，90% 的题是简单题；对普通学生来讲，只有 60% 的题是简单题。但不论自己是什么水平，我们都要保住这些简单题，千万不要为了攻克难题，该拿的分数没拿上，一定要百分百拿到简单题的分数。很多同学会把简单题丢分总结成马虎，其实这是极其不负责任的做法，马虎的背后有很多不同的底层原因，我在下一章中会详细讲解。

其次，**争取中档题**。中档题就是那种认真做就能做出来的题，这部分题目需要我们去争取，努力思考题目的逻辑关系，努力回忆自己之前做过的典型例题，让自己平静下来，给自己鼓励和自信，相信自己一定能做出这部分题目。不过，如果做题时卡壳，千万不要恋战。很多成绩好的学生总希望自己做题一帆风顺，每一个问题都能够经过思考并解决，一口气做到最后。但是成绩再好的学生也

难免有遇到麻烦的时候，在遇到不会做的题目时可以先将其放下，做个标记，等做完剩余的题目再回来思考，兴许就能做出来了。就像语文考试中发下试卷先看作文题一样，看完作文题先不着急写，把它放在大脑后台处理一会儿。做完其他题目再写作文时，不知不觉就会有灵感了。

最后，策略性放弃难题。难题是那种我们怎么做都做不出来的题目。因为高考、研究生考试等是选拔性考试，里面势必会有一些题目是很多同学做不出来的。对于这种类型的题目，如果做不出来就不要再花费时间了，**争取把难题里面简单的小问题回答出来就可以**。不用求全，也不用非要追求满分，不要试图去做所有的题目。如果做完自己会做的题还有时间，不妨回头去检查一下前面做过的题目。

考前保持安静，考后不对答案

考试前，尽量把自己与他人的互动降到最低。这样可以让脑子清空，尽量不让自己在考试过程中想起其他事情，干扰考试。如果有人主动和你说话，你可以礼貌且坚决地告诉他："对不起，咱们先考试，考完试再说。"考前找个安静的地方，闭上眼睛，调整呼吸，给自己鼓劲，把状态调整到最佳后，再进入考场。

考完试后，不要和同学们对答案。即使你对某个题目不确定，也不能再返回考场改答案，所以对答案只能徒增烦恼。反正已经考完了，对不对答案都成了定局，也没有必要去对答案。很多时候，高考答案并未公布，谁也不知道正确答案，你对自己的考试评估可能与实际情况差之千里。和其他同学讨论半天，浪费时间、浪费精力，还会让你总想着这件事情。而且，如果对完答案，发现自己做错了，还会影响你的情绪，让自己更焦虑。

总结本节，大家要注意卷面的整洁，保住简单题，争取中档题，策略性放弃难题，考后不要对答案，掌握好答题的技巧和策略。

2. 理科考试的答题策略

理科（如数学、物理、化学等）考试是大家比较头疼的考试，有些时候读不明白题目；有些时候读明白了题目却找不到解题思路；有些时候虽然能做出来，但抄错了数字，导致全都做错了。那这些问题该怎么解决呢？在这一小节，我会教大家一些在考场上可以拿来就用的工具，让大家不再惧怕理科考试。

解题从哪里开始

万事开头难，做数学、物理等理科的题目也是一样。那解题应该从哪里开始呢？

做题第一步：读题。这一点听起来很平常，谁不知道要读题啊？可是，这一步是最重要的一步。因为读题的过程，就是抓住未知量的过程，未知量就是我们的目标，目标清楚了，我们才能知道应该用什么样的方法来解答这个题目。所以，一定要牢牢地抓住未知量，在解题的过程中，死死地记住目标到底是什么。莱布尼茨有一句话，说得特别精妙：解题思考的过程就是一个晃筛子的过程，把脑袋里边的东西都抖落出来，然后我们正在搜索的未知量就会抓住一切细微的、与问题有关的东西，帮助我们破解谜题。

做题第二步：理解题意。同学会说："理解题意我明白，可是我读完就是理解不了，怎么办？"我教大家三个工具。**第一个工具：类比。**找一个自己熟悉的东西，借助熟悉的东西去理解陌生的情景。比如，理解时间的时候，可以把它想象成一个三维空间上的坐标轴，将陌生的问题转化成熟悉的东西。**第二个工具：借助图形。**数学方面的很多问题大都能通过画图解决，从简单的加法、减法，到函数和微积分，我们在分析题目的时候，能不用公式就不用公式，尽量用图形表示。**第三个工具：分解和重组。**分解就是把问题拆成小块，重组就是跳出细节，用整体视角去观察，最后把细节整合在一起，这样就可能得出结论。这三个工具的相同点就是，尽可能清晰、生动地把抽象的题目形象化，这是符合大脑认知特点的，因为我们的大脑对图形更敏感。

这么说有点抽象，我给大家举个生物学考题的例子。题目的表述是这样的："在拟南芥中，赤霉素与细胞内赤霉素的受体结合形成复合物，该复合物与 R 蛋白结合，使得 R 蛋白降解，从而抑制相关基因的表达，引起细胞伸长、植物增高。用赤霉素处理野生型和蓝光受体缺失突变体拟南芥后，用蓝光照射，分别检测 R 蛋白的含量，结果蓝光照射的野生型的 R 蛋白降解速率变慢，实验结果表明_____。"（题目摘自 2022—2023 年海淀区高三期中考试，正确答案是：蓝光激活蓝光受体后，抑制 R 蛋白降解，从而促进细胞伸长、植物增高）。

有个学生说，这道题的每个字他都能看懂，但是连在一起就看不明白每句话在讲什么了。这是考试中的正常现象，我当初读科研论文也是这种感觉。我告诉学生，遇到这种题目不要着急，**审题是解题的前提，我们要先把题目读懂了，再去做题。**

这道题目里面有大量的信息，"赤霉素""赤霉素受体""复合物""R 蛋白""野生型""蓝光受体缺失突变体"，如果想在短时间把这些信息搞明白，就要用到分解和画图的工具了，"分解"就是一句话一句话地去分析这些词语和句子之间的逻辑关系，画图就是把这些逻辑关系整理出来。

　　我来帮大家分析一下："赤霉素与细胞内赤霉素的受体结合形成复合物"这句话是说，赤霉素作为一种植物激素，能与细胞里面的受体结合，从而传递信号（激素是一种信号分子）。那传递了什么信号呢？题中的下一句话告诉我们，"该复合物与 R 蛋白结合，使得 R 蛋白降解"，就是说，这个复合物传递的信号是降解 R 蛋白。那降解 R 蛋白有什么用呢？我们接着往下读，"抑制相关基因的表达，引起细胞伸长、植物增高。"如果用"缩句法"，把中间的过程先省去，从整体上把握题意。那么，赤霉素结合受体后的作用就是引起细胞伸长、植物增高，而中间过程其实是在解释"为什么伸长和增高"的机理。那 R 蛋白的作用是什么呢？既然降解 R 蛋白会抑制相关基因表达，这说明正常情况下，R 蛋白的存在可能会促进某些基因的表达，从而导致细胞无法伸长。

　　分析完这些内容，我们最好画出下图，把题中几个名词之间的逻辑关系厘清楚，这样不仅能让我们的思路一目了然，也能帮助我们在之后的题目分析中不出错。至于本题中后面的内容，如果读者感兴趣，就请自己分析一下吧。

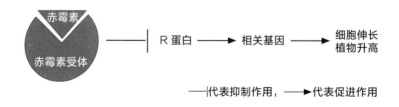

怎么找到解题思路

　　很多同学觉得解题思路很奇幻，因为它看不见、摸不着，很多时候凭灵感，灵感什么时候来却是不可控的。那有什么办法让我们找到解题思路呢？这里，我还是给大家提供三个工具。

第一个工具：特例。当没有解题思路的时候，不妨用特例帮助自己解题。一个比较长的问题，因为条件太多，有很大的不确定性，往往让人有一种无法把握、无从下手的感觉。这个时候，我们就容易被迷惑，思维像是被束缚，不知如何解题。此时就可以先考虑一个特例，这样就能使题目的条件确定下来，帮助我们探一探问题的内部结构，甚至有的时候，对于一些选择题，代入特例就能直接把题目做出来了。比如，下面这道数学题：

设 x，$y \in \mathbf{R}$，且 $0 < x < y < 1$，则

（A）$x^2 > y^2$ （B）$\tan x > \tan y$

（C）$4^x > 2^y$ （D）$x + \dfrac{1}{x} > y(2-y)$

这是一道选择题，不需要分析函数的具体图像和单调性区间等，我们可以把 x 设成 1/4，把 y 设成 1/2，然后代入计算，很快就能计算出答案了。

第二个工具：逆向思维。当我们正面解决不了问题的时候，不妨倒着来思考一下。比如，小学数学中有一个水桶问题，大概是这样的：你站在河边，身边有两个桶，大桶能盛 9 升水，小桶能盛 4 升水，问你要怎么做，才能盛出 6 升水？这个题目正着想就很麻烦，你不妨试试。但是反过来想，6 升水肯定放不进 4 升的小桶里，一定是放在 9 升的大桶里边。所以前一步需要做什么呢？为了只剩下 6 升水，需要从 9 升的大桶里倒出 3 升水。那怎么才能有 3 升水呢？需要 4 升的小桶里先有 1 升水。那怎样能有 1 升水呢？大桶能盛 9 升水，小桶能盛 4 升水，9 升减去 2 个 4 升，正好就是 1 升。这样这个题目就解出来了。所以，这就像走迷宫，从入口进去的时候有很多岔路口，但是，从出口往回走，就很容易走出正确的路线。用

逆向思维解决这样的问题要简单很多。

第三个工具：提一个假设。如果实在没有思路，怎么办呢？那就先提一个假设，即使这个假设是错误的。同学们可能会想，错误的假设为什么还要提呢？这是因为错误的答案能驱动我们去寻找正确的答案。知道这个答案未必正确，你会带着试验的心态去检验它，这就是胡适先生说的"大胆假设，小心求证"。所以，虽然在许多情况下猜想可能会被证明是错误的，但它对于启发一个更好的猜想还是有用的。一个错误的思路并不代表没有其价值，没有想法才是糟糕的。

如何确定答案是否正确

理解了题意，找到了思路，我们就得到了答案。那怎么确定自己的答案一定正确呢？这里，我给大家仍旧提供三种工具：

第一个工具：交叉验证。第一遍做完题目后，一定不能简单地按照原来的思路进行检查，否则会陷入惯性思维。因为如果第一遍做错了，检查的时候用同样的方法发现错误的可能性并不大。所以，最好的方法是交叉验证，比如解方程的时候，我们可以把得到的解代回去验证其是否正确，千万不要看着自己的步骤再解一遍，那样一般检查不出来错误。

第二个工具：找每个数字的源头。检查的时候，我们仍旧是运用逆向思维，倒着检查，每一步都要问自己这个数字是从哪里来的。有的同学做物理题时，前面写的是 65，后面就将其抄成了 63，或者一着急写成 2+3=6 了，所以在检查时看到 63 或者 6 就要问问自己这个数是从哪里来的，这样就不容易出错。

第三个工具：采用常识判断。有的同学解三角形的三条边长，算出来是 4、5、15，然后就交卷了。这个结果显然是不符合三角形两边之和大于第三边的定理，我们应该一下子就检查出错误。还可以利用量纲进行检查，长方体的体积公式，$V=abc$，左边是体积，单位是立方厘米；右边 a、b、c 分别是长、宽、高，单位都是厘米，乘在一起就是立方厘米。如果少乘一个数，那么量纲就不对了，所以这么一对照，就能立即判断出来这个答案是否正确。

　　总结一下本节，我主要给大家介绍理科考试中的答题技巧和策略问题。从读题到理解题目，从寻找解题思路到如何确定答案是正确的，我都给大家提供了工具，大家平时在考试中可以多运用这些工具。希望这些工具能对大家有帮助。

3. 文科考试的答题策略

　　有一些学生高考科目选了历史、地理或者政治，经常和我说，这些科目学起来不难，但是考试时不知道如何答题；平时学得很明白，就是考试考不了高分。那这是什么原因呢？我是一个理科老师，为了写这一节的内容，我专门采访了我的同事。我把他们讲的内容整理了一下，转述给大家。

得选择题者得天下

　　选择题通过一系列的选项考查我们对于知识的掌握程度，单选题通常是四个选项中选一个，近些年有的考试中还有多选题。在文科类（如语文、英语、历史、政治等）的考试中，选择题还是比较多的。**所谓得选择题者得天下，选择题直接决定了我们能否拿高分**，高分试卷的选择题几乎是全对的，这充分说明了选择题的重要性。

　　很多同学认为选择题很简单，但是，要想选择题拿到满分，其实是不容易的，因为它考的知识点很多、很杂。所以我们复习的时候，要特别重视人物、时间、事物、术语和关键词等。

开始答题前，我们需要阅读考试说明，知道总共有多少道选择题。作答时，我们要保证自己完全理解题目的含义。做对选择题，找准题眼是关键，我们要反复看一下选项的内涵和外延与题干是否一致，尤其要看清楚题目问什么，有些选项可能是答非所问；看清楚题目的文字信息，看是否有限定词汇，例如"某段时间内""主要的"等，不要掉入题目设定的陷阱中；做组合型选择题的时候，可以通过反面选项进行排除，这样有助于提高正确率且可以节省时间；看清楚题干中的关键词，比如"主体"包括机构、单位等，"背景"包括国内背景和国外背景等。

简答题要抓关键词

简答题通常是考查我们对课本的关键术语、人物、事实等内容的了解程度。与论述题相比，简答题不需要太多的分析，也不需要大段的论述，只需要言简意赅地表达清楚就可以。对于文科的答卷，如果答不上来要点，写一大堆废话也没有用。评卷老师从来不给那些"没有功劳也有苦劳"的辛苦分，**文科的简答题，完全是根据要点给分，丢掉要点，写得再长也没有用。**

现在的考试题，很多是材料题，看起来十分"高大上"，但我们不要被一些高难度的材料所唬住，其实万变不离其宗，考点肯定在材料中。我们要看清楚材料题问什么，如果问"根据材料分析……"，那么解题时就要完全根据材料来，在材料中找答案就可以；如果问"结合所学知识进行分析……"，那么解题时就要联系教材上的知识点，从课本上找答案；如果问"根据材料并结合所学知识进行分析……"，那么答题的时候就既要结合材料又要结合教材知识点进行分析。如果，考试快结束了还没有答完题，那么，赶紧在答题卡上写一些与题目相符的答题要点的关键词，兴许评卷老师也会给分呢。

论述题要结构清楚、观点清晰

论述题要求我们根据题目的要求和自己对问题的理解，清晰而全面地阐述自己观点。要搞清楚论述题问题的设问类型，是"反映类"（反映了某一问题发生了什么变化、反映了什么现象或者什么问题）、"认识类"（如何认识某现象）还是"启示类"（这件事对你有什么启发）、"评析类"（用某观点评析、分析或者认识某观点、某看法、某行为）等，我们要提前整理好不同类型题目的答题模板，这个就像数学、物理的公式一样，考试时可以拿来就用。

答好论述题的关键是要结构清楚且观点清晰。结构清楚要求答案有开头、中间和总结三个部分。开头要尽量简短，告诉评卷人，打算从哪个角度来回答问题。中间部分是分析的环节，这部分要充分展示我们对题目的理解，也可以通过对比相反的观点来进行阐述。一般来说，通常需要展现 2 ~ 3 个分论点。注意，质量比数量更重要，所以内容对分数的影响比字数对分数的影响更大。我们可以看下这道题有多少分，估计一下它有几个得分点，如果有三个要点，我们只想起来两个，这时千万不要恋战，不要试图把那两点展开发挥，因为这样做不会多得半分，有时间不如把那些该捡的分数捡到手。最后，不要忘记给出总结。在总结部分再次呈现自己的观点，不用很长，更不用添加新的内容，只需要把论点总结好就可以了。

总结起来，文科生要想拿高分，首先要保证选择题的准确率，其次要学会主观题的答题策略，要抓住简答题的关键词，论述题作答时要结构清楚、观点清晰。做到这几点，同学们在文科考试中便能游刃有余！

第四篇 | 考试结束后

什么才是真正意义上的考试结束？是交完试卷的那一瞬间吗？是拿到分数的那一刻吗？这些都不是。对本次的考试进行分析、反思、总结和错题整理，完成知识的闭环；同时，对心理素质、考试状态也要进行复盘，思考如何能在考场上发挥出最佳水平，完成这些之后才是真正的考试结束。

第八章　自我分析，完成考试的闭环

　　很多同学拿到卷子、看到分数，就认为完成了考试。然而，虽然考试结束了，但是这次考试的真正作用才发挥了一半，更重要的一半是考试后的反思和分析。这种反思不仅体现在根据自己的卷面得分对自己的学习情况进行认真评估，还体现在考试之后的心态调节、情绪调整。

　　因此，本章将围绕**"核对答案—分析反思—正确归因—整理错题—调整心态"**展开，希望能帮助大家学会在考试之后总结和反思，完成考试的闭环。

```
┌─────────────┐      ┌─────────────┐      ┌─────────────┐
│  忘掉成败    │      │ 1.核对答案   │      │ 2.分析反思   │
│  躬身入局    │ ──▶  │·为什么要核对? │ ──▶  │·分析各科     │
│  重新开始    │      │·三个工具     │      │·填写反思清单  │
│             │      │·四个步骤     │      │             │
└─────────────┘      └─────────────┘      └─────────────┘
      ▲                                          │
      │                                          ▼
┌─────────────┐      ┌─────────────┐      ┌─────────────┐
│ 5.调整心态   │      │ 4.整理错题   │      │ 3.正确归因   │
│·大部分考试的  │      │·活页纸+剪切   │      │·表面现象     │
│ 结果不重要   │ ◀──  │·分析错因、    │ ◀──  │·本质原因     │
│·你是唯一的常量│      │ 吃透答案     │      │·解决方案     │
│·心态调节ABC模型│     │·总结答题模板、 │      │             │
│             │      │ 反复看       │      │             │
└─────────────┘      └─────────────┘      └─────────────┘
```

1. 吃透参考答案，掌握三个工具和四个步骤

答题不仅是你用自己的方式呈现所学知识的过程，更是与评卷人沟通的过程。那么如何与评卷人做好沟通，让自己的答案更接近参考答案，让自己的答案更容易被评卷人打出高分呢？这一节，我将给大家推荐"参考答案学习法"，给大家讲讲利用参考答案的三个工具和四个步骤。

同时，建议大家考后还要填写反思清单。注意，在分析错题的时候，不要只看到表面现象，而要正确归因，看到问题的实质。整理错题本，将自己做错的题目归纳整理，反复查看。调整心态，以健康积极的态度面对考试。

为什么参考答案很重要

选择题、填空题一般是考基础知识。如果选择题和填空题丢分严重的话，那说明基础知识没有打牢固，需要我们按照第四章中提到的方法，再次复习巩固基础知识。主观题没有绝对的标准答案，你需要根据自己的理解在试卷上写下答案，评卷人会根据你的答案和参考答案之间的差异，酌情给你的答案裁定分数。

因此，我们的真实水平并不一定能体现在试卷上，除受到身体、思维、精神等方面的影响外，评卷人能否给分也是一个重要的影响因素，这考验我们的答题能力。很多理科很好的同学的数学、物理考试几乎能拿满分，但是语文成绩一塌糊涂。这些同学可能尽管明白题目是什么意思，但是不知道从哪里下手答题，写出来的答案与参考答案相差甚远，自然拿不了高分。还有些同学，平时也学明白了，但是解题步骤写得乱七八糟、没有逻辑，让评卷人没法从中找到分

步骤给分的点，所以哪怕最后答案正确，步骤分也会被扣掉一些。

这么丢分真的是太"冤枉"了。所以，要想在考试中取得高分，就需要在考完试后认真核对答案，分析自己的答案与参考答案之间的差距，且在平时多练习和模仿，让自己的答案更接近参考答案。

对于参考答案，我最推荐的是近五年真题的参考答案。我自己当年上托福和 GRE 英语学习班的时候，老师给我们讲得最多的就是做真题，听力要反复听真题，作文要背范文，还要学习一下"机经"（就是机考的经验）。因为托福、GRE 等考试的试题是从题库里面随机选择的，这样的考试非常标准化，所以，以往考试真题的参考答案，就是绝佳的学习资料。

高考也是这样，教育部考试中心每年都会公布各科试卷的参考答案。而且，市面上还有很多专门解析高考试题的书，里面不仅有参考答案，还有具体的试题分析、解题过程、对答案的具体分析。其实，高考题目的套路也就那么多，如果把这些题目和答案都吃透了，高考拿高分也不是那么难。

有同学问，如果还想做更多的题目怎么办？那我推荐高质量辅导资料和模拟题的参考答案。我会参加一些辅导类图书的编辑工作，了解图书的出版流程。高质量的辅导书的答案也是可以学习和借鉴的。但记住一定要选大品牌、老师推荐、师兄师姐亲身用过的，同时又适合自己学习方法的参考书。

三个工具：答案结构、得分点、知识点

知道了参考答案只是第一步，最重要的是要吃透参考答案。但是，我们只有参考答案，没有评分标准（高考的评分标准也不会公布），那怎么才能吃透答案呢？我教大家三个工具：**答案结构、得分点和知识点**。

答案结构。答案结构是答案的骨架，是把整个答案串联起来的结构，比如，总分式结构、并列式结构、分论点结构或对照式结构。弄明白了答案的结构，才能知道自己如何组织答案，写出来的答案才能逻辑清楚、论述严谨，才能避免在考场上信马由缰、想到哪里就写到哪里的尴尬境地。

得分点。评卷老师基本上是结合得分点给分的，得分点通常是一些关键词、关键步骤、关键论点等。所以，一定要琢磨答案中哪些地方是得分点，结合得分点才不会漏答。比如，我经常给学生讲，"根据XXX推测……""……的原因是……"等原因类题目，通常是两分，那么，学生就一定要答出两个点，可以采用"A……导致B……于是C……所以D……"这样的句式来表示 A → B → C → D 之间的逻辑关系，其中"导致B"和"于是C"就是两个得分点。

我们再举个例子，题目问"干旱导致光合作用速率降低的原因是_____"，很多同学写：干旱导致气孔关闭，因此光合作用速率降低。但这样就少写了一个点，没有表明气孔关闭如何使得光合作用速率降低。所以，套用上面的句式，我们可以这样写：干旱导致气孔关闭，于是二氧化碳进入细胞中的量减少，影响了暗反应，所以光合作用速率降低。分析清楚得分点，总结好答题模板，考试就不会漏答。

知识点。最后还要问自己，这道题考查的知识点是什么？是不是自己复习范围内的考点，对应书上什么部分，有没有考到与之相关的知识点？另外，高质量的答案往往会带有很多"学科术语"，比如数学、物理题目中的关键公式和定律、政治经济学中的供求关系、地理学中的区位优势、生物学中的生态平衡等，如果你的答案写得很不专业，那在评卷老师那里，你可能就是"业余选手"，他一定不会给你高分。所以，我们在平时学习的过程中要注意积累关键词，将关键词集中挑出来（老师也会总结），认真研究、理解并记忆，在考试或者平时做题时使用它们。这样日积月累，你的答案就会越来越接近参考答案。

四个步骤：答、比、修、答

了解了吃透参考答案的三个工具，下面就要我们自己去做题。我教大家四个步骤：答、比、修、答。通过这四个步骤，我们可以更精准地理解参考答案。

（1）第一步：自己思考，写出答案。

第一次拿到题目后，不要直接看参考答案，一定要经过自己的思考，根据自己的理解作答。要展现出自己的真实水平，不要怕错，一定要对自己诚实，这样才有提升的空间。

（2）第二步：认真比对，找出区别。

做完题目后，再翻看参考答案，将自己的答案与参考答案进行对比，看看自己写得怎么样，哪些是自己想到的，哪些是没有想到的，哪些地方和参考答案有区别，为什么有这些区别，尤其要关注"结构""得分点"和"知识点"。这一步的目的是找出自己的问题。如果你有一些地方判断不准确，就可以去问问有经验的老师，他们会帮你详细解答。

（3）第三步，修改答案，记住要点。

找出自己的问题后，就再次把参考答案放在一边，根据自己的理解，动手修改答案。如果能完全写出来，那说明你理解了答案；如果有些地方写得模棱两可甚至写错了，那说明你还没有完全理解答案，需要再次认真分析答案中的要点，逐项认真修正，直到改到与参考答案一致为止。改完后，你要认真总结、融会贯通，确保自己下次再做同类型的题目时能写下与参考答案一致的答案。

（4）第四步，收起答案，再次作答。

一般来说，做完以上三步，大家就认为完成了。但我还要再补充一个步骤，就是一周之后，你快遗忘的时候，把这个题目或者同样类型的题目拿出来再做一遍，看看你写出的答案是不是与参考答案一致。因为你上次能写出答案，可能是短期记忆，但是我们需要让"答题结构""得分点""知识点"在脑海中形成长期记忆。如果这次还能写对，那说明你真正掌握了；如果不能，说明你没有真正掌握，那就还需要把这四个步骤再重复一个循环。

对于所有补成满分的试卷，我在考试后都会给学生打成满分，因为我相信他再考一次类似的题目，肯定能拿满分。而没有补成满分的同学，可能下次考试还是这样的水平，不会有提高。参考答案是十分有用的学习工具，我们要认真分析参考答案，从答案结构、得分点、知识点三个方面出发，利用答、比、修、答四个步骤精进自己的答案。

2. 分析各科情况，填写考后反思清单

我在前文中提到，从复习到考试，再到出成绩，考试只过去了一半。我们要根据考卷，认真找出自己的问题，通过与参考答案对比，纠正自己的错误，这才是有效的学习。有些同学看到分数，光顾着难过了，完全忘记了纠正试卷上的错误，这就得不偿失了。

当我们对每一科目的卷子进行认真修改、对考题中的知识点真正掌握后，我们还要从细节中跳脱出来，审视全局。看一下各个科目之间的均衡关系，对考试前自己的复习情况进行小结，对考试时

的状态进行小结，合理安排今后的目标、投入的时间和学习计划，并且最好能找老师聊聊，让老师给自己提点建议。

找到自己的薄弱学科

在《成为学习高手：清华博士的高效学习秘籍》中，我谈到过在学习过程中到底是补短板，还是发挥长处的问题。然而，我在这里要告诉你的是，面对高考等大型考试，你如果**有薄弱学科的话，一定要将其补上**。

为什么这么说呢？本质原因在于人生和高考有完全不同的游戏规则。人生是一场无限游戏，即使我们在某个地方不小心摔了个跟头，爬起来继续往前走就好了。所以，人生考验的是大家是否有足够的坚持、韧性、毅力，这个时候，长板效应发挥主要作用，只要把自己的长处发挥到极致，终有一天会成功。

然而，**高考是一场有限游戏，在这里"木桶效应"起到主要作用**。因为即使你的长板很长，比如你高中就已经学会微积分和线性代数，高考数学你最多也只能拿 150 分。而如果你的英语成绩一塌糊涂，只能考 80 ~ 90 分，那总分肯定不会特别高，这势必会影响你上好大学，进一步影响到未来的学术发展和职业选择。

所以，考试后一定要分析各个学科的关系，找出自己的薄弱学科并加以弥补。但是，怎么定义薄弱学科呢？**我对薄弱学科的定义是：投入时间长且成绩仍旧不理想**。通过下面的四象限图可以看出，我们最希望的是投入时间短且成绩理想，最不希望看到的是投入时间长但成绩仍旧不理想，这意味着我们投入再多的时间可能也不管用，这就需要好的学习方法和老师的点拨，具体的高效学习方法我在《成为学习高手：清华博士的高效学习秘籍》中有提及，同学们可以查看。

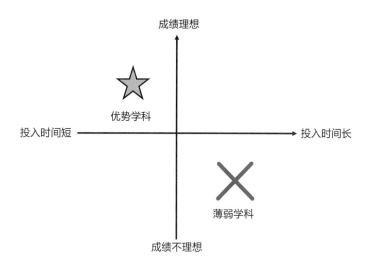

总结过往，计划未来

考完试后，我们还要对自己考前复习的效果进行总结，哪里是自己复习到位的，哪里是自己忽略的，以后复习的时候还要注意些什么。同时，还需要总结自己在考试中的状态，问问自己考试时是否足够平静、是否足够自信、是否足够专注。如果做到了，是通过什么方法做到的，以后继续这样做；如果没做到，以后应该怎样做，怎样克服紧张情绪，怎样能让自己在考场上有最佳的发挥。

总结过往的目的是让自己吸取经验教训，并根据现在的情况做出下一步具体的应对措施。比如，在后续的学习中，如何调整薄弱学科的学习方法、如何分配各个学科的学习时间、针对错因的实施策略是否能落地，等等。当然，你自己的分析不一定完全准确，最好找各科老师聊一下，让老师帮忙分析一下试卷，看看自己找出的应对策略是否恰当；也可以让老师给自己的学习提一些意见。相信老师一定能从客观的角度，对你的学习给出非常中肯的建议。

我把上面提到的内容，给大家做了两张考试反思清单，如表 9 和表 10 所示，以方便同学们考后使用。

表 9　考试反思清单（1）

班级：＿＿＿＿＿＿＿＿　姓名：＿＿＿＿＿＿＿＿　　　　　＿＿＿年＿＿＿月＿＿＿日

分析项目 ＼ 科目	语文	数学	英语	物理/历史	化学/政治	生物/地理	总分
我的分数							
年级最高分							
我的分数/年级最高分							
比上一次进步还是倒退							
年级平均分							
我的相对优势学科							
我的相对弱势学科							
本次考试发挥好的学科							
本次考试发挥不好的学科							

表 10　表试反思清单（2）

科目 ＼ 分析项目	主要失分点（错点）	分析和反思（错因）	应对措施（纠错）	老师建议
语文				
数学				
英语				
物理/历史				
化学/政治				
生物/地理				

3. 六种不同类型马虎的本质和解决方案

很多学生考试后经常做试卷分析，这是一个好习惯。但是，学生在分析的时候，经常给自己定性说："哎呀，我怎么这么马虎，这都是马虎导致的错误。"甚至有的家长也经常抱怨说："我孩子不是不聪明，要是能认真点，进入班级前十名一定没有问题。"

下面是一个学生做的错因分析，她在上面写着"算错了"。我和她面谈的时候，她认为是自己马虎导致的算错，她对我说："老师，我能做出来这些题，但容易做错，就是马虎而已。"可是，真的是这样吗？

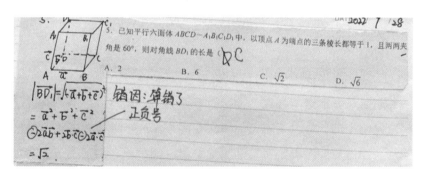

同学们，**千万不要让"马虎"遮蔽了自己的视线，只看到表面原因，不要以为题目简单，做错了就草率地给自己贴上"马虎"的标签。**如果把考试中的错误全都归因为马虎，那么下次应该怎么改正呢？就是"不要马虎""再认真一点"吗？可是怎么做就能不马虎了呢？马虎现象虽然普遍，但从未被认真对待过，长期以来，我们既没有对马虎背后的原因展开深入研究，也没有找到解决这一问题的有效方法。

事实上，**马虎并非只是粗心大意，而是一个复杂的心理现象。**我们要看到事情的本质，不可一概而论，一概而论是对自己的不负责任。所以，这一节我给大家分析一下马虎现象背后不同的本质原因，并给大家提供一些可行的解决方案。

信息识别型马虎及解决方案

很多同学审题不仔细，读题时容易跳字、跳行，相似的公式、字母混淆不清，这其实不是马虎导致的，本质上是信息识别出现了问题。还有些同学看到考题感觉很熟悉、很简单，想都不想就直接开始做，并没有看清楚考题与之前题目的细微差别，中了命题人的陷阱，导致错误，这也不是马虎，这本质上还是信息识别的问题。现在，**信息识别能力正成为各科目考查的重点，无论理科还是文科，读不懂或者读错题目都会导致出现严重的错误。**

那怎么解决信息识别型马虎的问题呢？我查阅了一些心理学的研究，其中有一项研究可以较好地说明信息识别型马虎的问题：研究者选取了年级排名前十名的学生组成 A 组，年级排名后十名的学生组成 B 组。研究者让这些学生做同一套难度系数较低的数学测试题，并且同时对这些学生进行脑电波测试分析。实验发现，在做题过程中，A 组学生的大脑听觉中枢活跃程度明显高于 B 组学生，且 A 组学生的正确率明显高于 B 组学生。测试结束后，B 组学生普遍反映做错题目是因为马虎，这说明 B 组学生的成绩低不是不会做导致的。从这个实验中，你得出了什么结论？为什么成绩好的 A 组学生的听觉中枢活跃程度高呢？

答案是：**成绩好的学生在做题的时候，不仅用眼睛看，而且也在心里默读。**默读虽然没有发出声音，但是大脑依然可以接收到听觉信号。这意味着，同一个信息通过两个通道进入学生的大脑，一个是视觉通道，一个是听觉通道。听觉系统接受到的信息作为反馈，对视觉信息进行校对，当两者信息比对不一致的时候，大脑就会亮起红灯，对信息进行二次识别，这样在审题和做题过程中就不会出错了。所以，解决信息识别类马虎问题的方案就是在读题的过程中进行默读，启动听觉的校验机制，对信息进行二次识别，形成反馈闭环。

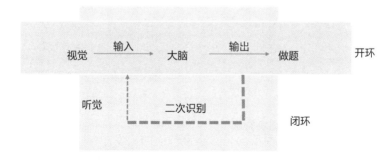

知识缺漏型马虎及解决方案

很多同学出了考场会捶胸顿足，感叹道："哎呀，这个知识点我复习过，但是当时在考场上就是想不起来。""考试的时候，我觉得 A 也对、C 也对，分不清楚题目的表述，但考完看了书就明白了。"
这类问题本质上也不是马虎，而是基础知识掌握得不牢固、知识点
有漏洞导致的。

　　这一现象在学生升入高中后尤其明显。很多学生在小学和初中
的学习成绩都不错，但是进入高中后，知识广度、密度和难度都加
大了，学生如果不注重复习和夯实，那么就非常容易在某个地方存
在知识漏洞，且知识漏洞会不断累积扩大，最终导致系统性问题。

　　这就要求我们去**夯实基础知识**。在第四章介绍复习方法时，我
给大家讲了查找漏洞的四种方法，以及运用回忆输出和思维导图的
整体复习法，同学们可以运用这些方法弥补自己的不足。另外，同
学们还可以**通过整理错题本的形式来查漏补缺**。整理错题本的方法
我会在下一节给大家进行具体讲解。

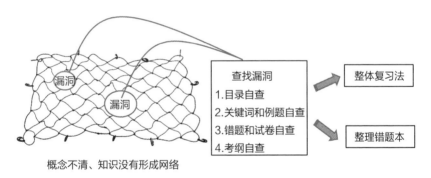

概念不清、知识没有形成网络

能力不足型马虎及解决方案

　　有些同学考完试，拿到考卷后自己都会觉得很奇怪，"咦，我
怎么把 2+3 算成了 6 ？"然后把这个问题归咎于马虎。可事实上，
出现这种问题的原因是自己处理复杂问题的能力偏弱。一个比较复
杂的题目需要处理的信息很多，比如，我们在看一个物理题目的时候，

既要审题、加工信息，又要调用公式，还要把数字代入公式进行计算，一会儿调公式，一会儿计算……这种情况下，大脑需要同时处理的信息会比较多，会让我们感觉手忙脚乱，那把 2+3 算成 6 也就不足为奇了。

针对这类问题，我的建议是：**让自己有条理地、一次只处理一类信息。**审题就只审题，调用公式时不要计算，写完公式后再代入数字，严格限制一步一步来，按照流程做完一个动作，再做下一个动作，否则，多个动作混杂在一起，特别容易出错。

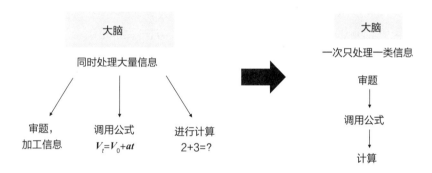

习惯不良型马虎及解决方案

针对上述问题，我还有一个解决方案，就是用好草稿纸，增加自己的"虚拟内存"。

容易马虎的学生，一般还有一个毛病：随手乱丢东西，随手打草稿，甚至根本不打草稿。他们在考试的时候喜欢心算，宁愿在脑海里推演步骤，强行记住结果，也不愿意写出来。如果必须要打草稿，就随便在试卷的一个拐角、一个空白处就开始计算，形成东一块、西一块的拼凑型草稿。这样非常容易抄错，有的同学考完试连自己写的是什么都看不明白了。我把这种称为习惯不良型马虎。可见，

"2+3=6"这么一个看起来很简单的小错误，其实背后反映的可能是处理复杂问题的能力问题，还可能是习惯太差的问题，甚至还有可能是两者的叠加。

为了杜绝这类问题，我们平时做任何题，凡是涉及计算的，一定要打草稿，并且要规范。给草稿留出足够的空间，相当于扩大大脑的"虚拟内存"，让我们能清晰地看出计算过程和结果，让我们的大脑不再混乱。我们可以把草稿纸横着叠三折、竖着叠三折，在每一个方框里写一道大题的草稿。注意，**计算时要求做到"一看、二想、三算、四查"**，就是说一要先完整地看清每个数和每个运算符号；二要想清楚具体步骤、选择合理的方法；三要认真计算；四要认真检查方法是否合理、计算结果是否写错等。

我平时在评一些同学的考卷时，发现他们在试卷上涂得乱七八糟，最后也没做对题。即使我有心花时间看他的答案，想给他部分分数，也未必能找到头绪。高考评卷的压力可比我评平常考试卷子的压力大多了，评卷人没时间看乱七八糟的答案。所以，我建议大家在大考前最后一个月，专门训练一下自己的做题习惯，这样能帮助我们在考试时有更好的考场表现，取得更好的成绩。

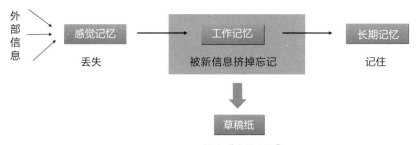

压力过大型马虎及解决方案

有的同学犯低级错误是因为考试的时候太紧张了。

从进化上来讲，可以将人类的大脑分成三层：最里层的叫作"爬行脑"，这部分大脑负责行动和反应，是人最本能的脑。比如，人在过马路时会本能地躲闪车辆，这就是爬行脑在发挥作用。爬行脑往上一层，是我们的第二层大脑，叫"情绪脑"，也叫"哺乳脑"。我们会有喜怒哀乐的情绪，原因就在于拥有情绪脑。情绪脑再往上一层，就是第三层，叫"智慧脑"，也叫"新脑"。智慧脑能帮助我们理性分析事情，做出更科学的决策。

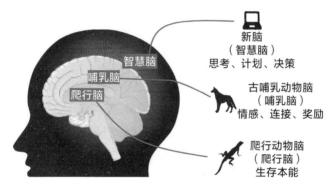

正常情况下，我们都能动用智慧脑思考事情，这也是我们智慧的来源。然而，当压力、危机到来时，我们的身体就会被交给哺乳脑或者爬行脑，而智慧脑就会被关闭、起不了作用。所以，如果我们压力太大，智力就会下降，难以发挥出正常水平，因此，这种情况下犯的错误，原因不能归咎于马虎，而是心理状态的失常，这就需要我们去多多练习在压力状态下的心态调整，考试时不要有过大的压力，减少自己对考试的恐惧。关于这里的练习，大家可以参考我在第六章中给大家提到的应对压力状态的具体工具和方法。

态度不重视型马虎及解决方案

还有一类学生，每次找我分析试卷的时候，会满不在乎地说："老师，我不是不聪明、也不是能力不行，就是马虎而已嘛！没啥大不了的。"我问他打算怎么做就不马虎了。他答不上来。我能看出，这类学生根本没有要改变的意愿，更不会主动寻找方法。我把这类学生的马虎称为态度不重视型马虎。

所以，针对这类学生，我会直接"当头棒喝"，告诉他，他是在用马虎来掩饰自己的不用功、能力不足。我在《成为学习高手：清华博士的高效学习秘籍》中谈到过，**高考时比的不是谁赢得多，而是谁犯错少。高考是一场"输家"的游戏**。因此，我们必须扭转观念，从心底就重视这件事情，只有在态度上重视了，才能有纠正的希望和改变的可能。

这一节告诉大家，在分析试卷时，一定要正确归因，千万不要用"马虎"的表象迷惑自己。在这一节中，我分别从信息识别、知识、能力、习惯、压力和态度六个方面，和大家讨论了表面看起来是"马虎"的不同类型错误的本质原因，并针对每种错误类型给大家提供了相应的解决方案。

4. 整理错题本，完成知识的闭环

我有一个学生，她入学的时候成绩一般，特别是英语成绩处于我们班倒数第二。但是，这个学生入学后进步速度很快，到了高三，成绩稳居年级前 50，最后考上了北京大学。我问她进步神速的原因是什么，她说错题本帮了她很大的忙。

确实，根据我的观察，她不属于那种聪明伶俐的学生，但却是一个非常踏实的学生。她能做到做过的题目不再错，完成知识的闭环。她毕业后，我会给之后的每一届学生分享她积累错题的经验。

一本好的错题本，其实就是自己的知识宝典。同学们平时要注意及时整理错题本，在复习的时候，它就是我们最重要的复习资料之一。不断地整理和查阅错题本会让我们的知识漏洞越来越小。在这一节，我会详细给同学们介绍错题本的建立方法。

用活页纸 + 剪接题目的形式建立错题本

建议用活页纸整理错题，正面是错题 + 错点 + 错因，反面是参考答案 + 参考答案拆解分析 + 答题模板总结。为什么要用活页纸呢？一是因为错题是要不断积累的，根据错误的不同类型，把错题夹在相同的位置会便于查看。二是因为错题是要反复看的，它的作用在于提醒我们错误的地方，如果在反复看的过程中，我们已经不再犯这些错误了，就可以将其从错题本中拿走；如果这些错误还是反复犯，那就要把它的位置提前。所以，错题本应该要能方便调整。

错 题 本	参考答案： _____
错题 （粘贴处）	参考答案拆解分析： ① 答题结构： _____ ② 得分点： _____ ③ 知识点： _____ 答题模板总结：
日期： _____ 错点： _____ 错因： _____	复习频率：隔1天□ 隔3天□ 隔1周□
正面	反面

在建立错题本的时候，大家不要自己去抄题。我见过一些同学的错题本，做得极其精美，像手账一样。可是，这样做并没有用，

这属于学习的伪动作，看起来付出了很多时间和精力，但没有把时间花在思考错因上，这样是不会有改进的。

我建议大家把卷子直接剪下来，贴在活页纸的正面，然后标注好日期，在背面写分析和解答过程。有同学说："老师，卷子都是正反面打印的，如果正面的错题和反面的错题正好在纸张的一个部位或者有重叠怎么办？"有一些学生在考完当天就会向老师要一份备份卷子，这样就避免了剪题目时的尴尬。或者，有条件的同学可以在家里备一台打印／复印一体机，在整理错题本时复印一份试卷，也能解决上述问题。

分析错因，吃透答案

粘贴完错题后，就要开始分析错因了。根据上一节的内容，我们可以把自己犯错的点和犯错的原因进行拆分，可以针对不同的题目进行自我剖析。列举出自己的错点（错在哪里了）和错因（为什么错）。例如，概念不清楚，这是知识点、重要概念等没有搞明白；读题没读懂／读错题，这是信息识别有问题；答题时没思路／不会做，问问自己卡壳的点在哪里？这个题目是不是书上题目的变形？简单的题目做错了，是不是一次处理了太多信息？还是在草稿纸上没写清楚？

正面写完了错点、错因，在背面先把正确答案写出来，然后再按照我之前给大家的三个工具"答题结构""得分点"和"知识点"进行逐一分析。

总结答题模板，反复复习错题本

如果把大脑的运算能力比喻为处理器、大脑获取信息的能力比喻为带宽，那么，我们知识的积累就是大数据，而模型思维就是算法，考试考的就是我们调用算法解题的能力。所以，我们要把算法组块化，总结答题模板相当于编写一个小程序，把每一类型的题目以小程序的方式植入大脑，以后见到同类型题目就可以直接调用。

比如，很多同学在考语文时感觉摸不着头脑，分数总是一次高、一次低，不稳定。所以，我就拿语文考试给大家举例（我专门请教了学校教语文特别厉害的昌盛老师）。诗歌鉴赏题是一大类型的题目，它经常会出现这样的问题：这首诗歌运用了什么样的艺术手法，表达了作者怎样的思想情感？这类型题目在日常考试、中考、高考等考试中都非常常见，虽然考法灵活，但我们可以利用模板辅助答题，具体分析如表 11 所示。

表 11 语文考题分析

结构 （由浅入深）	模板	具体举例	得分点
写了什么	作者通过对 ××× 的描写（引用诗歌中的内容）	夕阳、江水、月亮、梧桐、柳树、桂花、孤烟、大漠等	1
怎么写的	诗歌的艺术手法主要包括抒情方式、表达技巧和修辞手法	抒情方式分为直接抒情和间接抒情，间接抒情又分为借景抒情、托物言志、怀古伤今、即事抒怀。 表达技巧包括表达方式和表现手法。表达方式包括记叙、描写、抒情、议论、铺陈等。 表现手法包括起兴、联想、烘托、衬托（正衬或反衬）、抑扬、照应、正侧、象征、对比、对照、由实入虚、虚实结合等。 修辞手法包括比喻、借代、夸张、对偶、对比、比拟、排比、设问、反问等	2

结构 （由浅入深）	模板	具体举例	得分点
为什么 这么写	表达了什么样的 思想，抒发了什 么样的情感	人的常见情感无非"喜、怒、忧、思、悲、恐、 惊"，可在其中选择一种或两种，用合适的 词表达即可，例如：忧愁、惆怅、寂寞、伤感、 孤独、烦闷、恬淡、闲适、欢乐、仰慕、激愤、 坚守节操、忧国忧民、蔑视权贵、怀才不遇、 壮志难酬、奋勇杀敌、建功立业、积极进取、 思念家乡等	2

答题模板要能清晰地展示对知识点的调用过程。有了这个模板，我们在做简答题的时候，就能像做填空题一样，只需要填入具体内容。当然，用这种方法整理错题，其实很花时间，整理一道题可能要用半个小时。但是，这样整理一道典型题目比做十道题都管用，它能够对我们的学习系统进行有效升级，整理完一道题的答题模板，相当于会做了一种类型的题目。

当然，**错题本整理完是要反复看的**。隔三天或一周后，要把错题本拿出来，再做一遍上面的错题，如果题目能做对，那么就抽出来放在错题本的后面；如果遇到反复做错的题目，就放在错题本的前面，并增加查看此题的频率，可以隔一天、三天、一周回顾一次。最后，使用错题本要达到的效果是：大考前复习的时候，要能够做到十分钟翻完一遍错题本，并很快说出自己的错误点。

我们一定要整理错题本，做到做过的题目不再错，这样才能完成知识的闭环。

5. 调整心态，完成考试的闭环

我们在上文中提到了如何完成考后的分析和反思，以理性的方式，完成知识的闭环。同时，我们也要学会察觉自己的情绪，调整自己的心态，认识到胜败乃兵家常事，以健康积极的态度面对每一次考试。那么，在考试后，我们该如何调整心态，重新出发，以此完成整个考试的闭环？我希望和大家聊聊这个话题，助力同学们成为考试高手。

大部分考试的结果并不重要

一些学生拿到成绩后，垂头丧气，灰头土脸，为自己没考好而懊恼万分。他们吃不好饭、睡不好觉，觉得自己的付出没有得到相应的回报，认为自己努力没用，担心自己的分数会被他人笑话。考试不一定会成为梦魇，这些学生却因为考试结果一步步地将自己推向了痛苦的深渊。

其实，除了中考、高考等大考，大部分考试的结果一点都不重要。无论是课堂测验、月度小测，还是期中考试、期末考试，都是为大考做预热。所以，分数出现高低起伏很正常，和最终的结果相比，在这些预热考试中分数高了并不能保证大考分数也高，分数低了也不能说明大考一定分数低。

拿着不理想的分数，陷入羞愧、恐惧这样的情绪里，在自己设定的精神幻象里不断折磨自己，这样对自己成绩的提升于事无补。如果能够认识到大部分考试根本没有那么重要这一点，不因某一场考试的成绩而喜忧，真正做到不以物喜、不以己悲，那么考试的真正价值才能体现出来。

"你"是唯一的确定性

我在给学生讲科学实验的时候，经常会提到什么是自变量、什么是因变量、什么是常量。简单来说，自变量就是原因，因变量就是结果，常量就是固定不变的因素。那么，在一场考试中，自变量、因变量、常量分别是什么？

自变量可能是考试的科目、考试的内容、题目的难度、题目的灵活度等，因变量就是你的成绩。而在千变万化的考试中，"你"是常量，尽管不同的人掌握知识的程度不同、举一反三的能力不同、考场上的应变力不同，但是，对每一个参加考试的个体来说，你就是那个唯一不变的常量。面对考试的时候，你是确定且始终存在的因素。

就像 $E=mc^2$，质量 m 是自变量，能量 E 是因变量，光速 c 是常量。我们要问自己：如何让自己在考场上保持沉着冷静、考后情绪不受影响，让常量维持确定不变？我们还可以问自己：如何努力学习、考后认真反思，让常量的数值增大，从而将结果放大？

所以，你的确定性影响着最终的成绩，影响着事物的发展，不要让羞愧、恐惧等情绪包裹自己。

改变心态的 ABC 模型

改变心态，从改变自己的认识开始。

20 世纪 50 年代，美国心理学家阿尔伯特·埃利斯创建了情绪 ABC 理论，其中，

- ✓ A（adversity）代表逆境，比如发生了不好的事情。
- ✓ B（belief）代表对事件的信念，包括对事件表面的和潜在的想法，无论是理性的还是非理性的。

✔ C（consequence）代表结果，也就是对事件信念的行为或情绪反应。

埃利斯认为，激发事件（A）只是引发情绪和行为结果（C）的间接原因，而直接原因则是个体对激发事件（A）的认知和评价而产生的信念（B），即人的消极情绪和行为障碍结果(C)，不是某一激发事件（A)直接引发的，而是经受这一事件的个体对它不正确的认知和评价所产生的错误信念（B)直接引起的。

这么说有点抽象，我们把它运用在考试上。比如，考了一个非常不好的成绩，这是事实（A）。但是不同人的看法不同，有的同学认为这实在太倒霉、太丢脸了（B），所以产生了伤心、沮丧、恐惧等情绪（C）。但是，有的同学认为这是一次好的提醒，虽然成绩不好，但是它反映了这段时间的学习情况，告诉我们需要查漏补缺（B），所以产生了不服输、奋起直追等情绪和行为（C）。

也就是说，事情是一样的，但不同人的看法不同，处理方式不同，最终导致事件的结果不同。所以，其实是我们自己在给自己制造麻烦。考完试后，如果没考好，不要让自己陷入消极情绪。一张满分为 100 分的试卷。小明考了 100 分，小红考了 80 分，谁应该开心？当然是小红了。这张试卷帮小红找出了学习中的不足，它的评效对小红才有意义。而对小明来说，这张试卷没有起到任何反馈作用。

记住：**大部分考试结果并不重要，你是唯一的常量，运用 ABC 模型，让自己从消极情绪的泥潭中走出来，做好该做的事情，不要让情绪控制自己。**

忘掉成败，躬身入局，每一次结束都是新的开始

本书讲了非常多可供同学们使用的工具、方法和技巧，但关键在于，不是看完书就懂了，要做到真正的"懂"，一定要自己亲身

去运用、去实践。我把学生分为两类，一类是为了改变而付出努力，坚持练习，日拱一卒；另一类是希望马上得到答案，一蹴而就地解决问题。你希望自己做哪一类呢？

做事情贵在坚持，学习和考试亦然。看完本书，我希望你能再回头看着目录，回顾一下时间管理的方法、考前复习的方法、考前的准备、考场上保持良好状态的工具、不同考试中的技巧、考后如何反思总结等，最好能在班里组织一个考试讲座、线下沙龙或学习方法研讨会，用这些形式进行输出，讲给你的同学听（这就是费曼学习法的核心），让周围的同学都能受益（其实，最受益的肯定是你自己），同时一定要不断实践，在你的学习和考试中运用这些方法和工具。

我希望你从本书中学到的不仅仅是这些考试的方法和工具，还能学到一种应对人生的策略和精神：忘掉成败，躬身入局。我从小县城到北京，从中学到大学，每次进入一个新环境，都觉得身边强手如林。直到现在，我还经常能回想起当时的自己产生的被碾压的窒息感。然而，高考是一场有限游戏，人生却是一场无限游戏，只要我们坚持去做正确的事情，就不怕无法取得最后的胜利。

风物长宜放眼量，是非成败转头空，每一次结束都是新的开始。祝我亲爱的读者都能在考试中取得好的成绩，**成为考试高手，成就精彩人生！**

后　记

最近，ChatGPT 引发热议。

有人告诉我，ChatGPT 参加托福测试，其成绩能达到 110 分；AP 生物的考试中，60 道多项选择题，ChatGPT 能做对 59 道。在中国，有人用高考试卷给 ChatGPT 做了类似的测试，它也取得了非常不错的成绩。比尔·盖茨盛赞 ChatGPT 是他见过的最具革命性的技术之一。

我的学生很惶恐，跑来问我："老师，我们以后还有必要努力学习知识、参加考试吗？既然 ChatGPT 已经能在标准化考试（例如高考、托福、SAT 等）中考得很好，那我们的优势又是什么呢？"

学生的问题很好，我也无法给出完美的答案。我只能说，目前来看，在标准化考试还没有取消的阶段，为了通过考试，我们必须去学习。对于大多数人来说，标准化考试是最公平的、能实现自我价值的方式。

然而，**在未来，即使没有标准化考试，我们仍要努力学习。正如凯文·凯利所说："未来，学习如何学习一定是人生中最重要的事情。"**毫不夸张地讲，ChatGPT 的出现，类似于工业革命时期蒸汽机的发明，它一定会从底层改变现在社会的发展逻辑，以我们想象不到的方式对一切行业进行变革。教育包含价值属性和工具属性。ChatGPT削弱了教育的工具属性，但这反而会更加凸显教育的价值属性。ChatGPT会倒逼教育做出改变。

当人们可以借助ChatGPT获取大部分知识的时候，老师的作用便从授业、解惑转向传道，即去传授学科的思维方式、去理解学生、去关注学生的内心成长和发展。那时，记忆知识本身可能就没那么重要，标准化考试终究有一天可能会被取消，"先知后行"会被"先行后知"所替代。那么，我们如何去发展创新性思维和批判性思维，如何学会终身学习、利用好ChatGPT这个工具，如何与众不同、发挥出自己的个性等，就显得尤为重要。

我们应该如何做准备呢？一方面要准备眼前迫在眉睫的考试，另一方面要思考蓬勃发展的未来。但在当下有限的时间内，这两者看起来似乎是一对不可化解的矛盾。真的没有解决方案吗？

本书或许能给你提供答案。考试本身就是一场游戏，是游戏，就有攻略。我希望把自己总结出的全套"攻略"倾囊相授，减少你琢磨的时间，能够拿来即用，让你用最短的时间"应付"考试，以最小的努力完成通关。我希望帮助同学们用最短的时间取得最高的分数，让同学们把剩下的时间用来做自己喜欢做的事情，提升未来智能时代所需要的能力和素养。

不要畏惧技术的发展，不用担心未来找不到工作，无须害怕我们会被AI替代。每一次大的科技进步，都是解放和释放生产力的过程，会对人类和社会发展有很大的推进作用。你我身处这个大变革的时代，与有荣焉。让我们一起躬身入局，完成好时代给我们的考卷。

最后，感谢我的编辑一次次不厌其烦地沟通，让我不断打磨文稿，以期至臻尽美；感谢我可爱的学生们提出的一个个尖锐的问题，启发我对本书主题进行深入思考；感谢昌盛、李永乐、孙京菊、杨睿等同事给我提出的专业建议；感谢我的家人，他们为家庭的辛苦付出才换来我的写作时间；感谢北京华夏长鸿文化给予营销方面的建议……要感谢的人太多，挂一漏万，不一而足。在阅读的过程中，各位读者如果发现不足之处，还请大家不吝指正。

和渊

2023 年 4 月